15%の合格者だけが知っている落とし穴！

宅建「ひっかけ問題」完全攻略

2020民法改正対応・問題集

廣済堂出版

はじめに

―― 令和最初の宅建試験を終えて ――

新しい時代が幕を開け、令和元年度宅地建物取引士試験が、同年10月20日に実施されました。受験者数は前年より7000人近く増加し、約22万人がこの試験を受験しました。

これだけを聞くと、その分倍率も上がり合格しづらくなったのではと考える方が多いでしょう。が、実は合格者数も増しています。平成最後の試験と比べてみますと、合格率は15.6%から17.0%に上昇、合格基準点は37点から35点に下降と、**数字的な難易度は下がっている**のです。

「平成と令和でなぜそんな差が生まれたの?」

と、次はその辺りが気になってくるのではないでしょうか。

それに対する答えは「**宅建試験とは、相対評価の試験であるから**」に尽きます。

相対評価とは、他者との比較によって成績が決まる評価方法で、要はランキング形式です。

これに対して本人の点数が重視されるのが、絶対評価と呼ばれる方式です。

このふたつの方式の違いは、マラソンをイメージしていただければわかりやすいかと思います。

点数重視の絶対評価の場合は、ゴールまで完走しさえすれば、順位に関係なく表彰してもらえます。一方、相対評価では、完走しようとも自分の前にすでに完走している人がたくさんいたら、表彰はされません。市民マラソンかオリンピックか、それくらいシビアさが違います。

令和最初の試験は、平成最後よりはゆるやかなレース展開となったのでしょう。合格定員に達するのに35点台の受験者たちまで含める必要があったために、自然と合格率も増したのです。

しかし、今年どうなるかは、それこそ完走しきってみないことにはわかりません。

絶対評価のように目指す得点が決まっていれば、気持ち的にも楽です。仮に残念な結果に終わっても、自分の未熟さゆえと納得もしやすいですが、相対評価ではそうはいきません。

「去年の試験であれば、合格できていた得点なのに」

そんな嘆きの声も、よく聞かれます。

しかも令和2年度は、後述するとおり約120年ぶりの民法改正後の初となる試験です。波乱のレース展開になりそうな予感がぷんぷんします。

少なくとも、改正部分に対しての理解度を高めておかなければ、レースで大きく減速してしまうだろうことは明らかです。

と、脅かすようなことばかり述べてしまいましたが――。

結果の見えない相対評価だからこそ、私は「**周りを走る他の受験者のことなど気にするな**」と声を大にしてお伝えしたいです。

見えない数字や競争者相手に、あれこれ不安になっても損なだけ。そう割り切って、自分のゴール力――つまりは「得点力」をひたすらに高めていただきたいと思っています。

マラソンで世界新記録を出せば当然金メダルがもらえるように、**得点力さえ高まれば、おのずと結果はついてくる**ものです。

「じゃあ得点力って、どうやったら高まるの?」

その疑問に対するアンサーとして、私は「ひっかけ問題対策」に重点を置いたこの問題集を作成しました。

本書は改正後の民法を踏まえ、受験者がひっかかりやすいところを重点的に押さえられるようにしてあります。

改正後の民法の説明はもちろん、私なりの試験突破法も盛り込みました。

本書を最大限に活用し、波乱の予感のするレースをどうか一人でも多くの人に勝っていただきたいと思います。

平井照彦

本書の特色

宅建試験用問題集は、おおまかに次の2種類に分けられます。

① 年度別の問題集

「令和元年の問題」「平成 30 年の問題」というように、年ごとに問題をまとめたもの。

② 分野別の問題集

「宅建業法」「権利関係」というように、分野ごとに問題を整理して掲載されているもの。

しかし、本書はこのどちらにも当てはまらない、**ひっかけパターン別の問題集**です。

過去の出題傾向に基づき、オリジナル問題を中心に意地の悪いひっかけ問題を多数収録しています。

宅建試験とは、過去問などに触れた方はすでにおわかりでしょうが、**受からせるものではなく、落とすことを目的とした試験**と言っても過言ではありません。「なんとなくわかった気でいる」受験者をふるい落とすため、随所にひっかけトラップが仕掛けられています。

マラソンコースのいたるところに、バナナの皮が落ちているとイメージしてみてください。ひっかからないためにはその意地悪さに慣れ、「お、この曲がり角がくさいぞ」と予見できるくらい――つまりは問題を見ただけで察せられるくらい、自分が曲者になっておく必要があります。

本書の問題を繰り返し解き、ぜひ曲者になってから、試験日を迎えていただきたいと思います。

本書の問題を解くときのポイント

最初にネタばらしをしてしまいます。

本書は前述の通り、「ひっかけ問題に負けない自分になること」を目的としています。その性質上、問題の多くは誤りの選択肢で構成されています。

そこで、**問題演習をする際には、「○×が合っていればいい」という解き方は絶対にしないでください。**

×の選択肢であれば、「どこが×なのか」「どんなふうに文章を修正すれば○になるのか」を常に考えてください。

宅建試験は、繰り返し同じ論点が出題される傾向にあります。その際、まったく同じ文章ではなく、微妙に表現を変えて出題されるのです。

答えの○×だけ覚えている方は、「バナナの皮はよけられても、石ころにはつまずきがち」です。少しでも表現を変えられてしまったら得点できないのです。

「なんとなく」の解き方では、「それなりの得点」しか得られない――これを合言葉に、自分で解説ができるレベルにまで理解度を高めていきましょう。

民法改正について

2020（令和2）年4月1日、新民法が施行されました。

そもそも民法とは、宅建試験50問中10問を占める、非常に重要なカテゴリーです。これが1896（明治29）年に制定されてから約120年ぶりの改正となるのですから、試験史どころか法律史にも残る大事件です。

こう書くと、中には「今まで当たり前に使っていた法律や用語は、明治生まれだったのか」と驚いた方もいらっしゃるのではないでしょうか。

明治時代にはマンションもなければ、もちろんインターネットもありません。

それら現代生まれのジャンルに、ようやく民法が踏み入れることになったのです。覚え直すのは大変ですが、ようやくこぎつけた必要改正だったと言えるでしょう。

「瑕疵担保責任」が「契約不適合責任」に変わるなど、用語も現代人に馴染みやすい単語で構成されるようになりました。

そう考えると、旧民法ではなく、新民法で試験が受けられることは実はわかりやすさの点で言えば、ラッキーなことなのです。

わかりやすくなった分、条文の表現が長ったらしくなってしまった部分も見受けられるのですが、明治時代の文豪の作品にしても、原文のまま読むよりも多少ページ数が増えようが現代語訳されていたほうが読みやすいですよね。

ただ、改正後初の試験なので、民法部分の過去問があまりあてにならなくなってしまいました。そこははっきりデメリットと言えるでしょう。

そのため、今年度向けに書かれた試験本や問題集は必須となってしまうのですが、本書も民法改正の重要性を鑑みて、1章を「民法大改正重要項目」として設けてあります。

40 ページのボリュームで、じっくり民法改正の内容を解きほぐしていきたいと思います。

誰もが初のお付き合いとなる新民法。その最初の一歩を、本書がお手伝いできれば幸いです。

Contents

1章 民法大改正重要項目

時効

契約不適合責任

連帯債務

保証・連帯保証

2章 平井式5W1H別・ひっかけ問題集

「誰が」「誰に」ひっかけ

「なにを」ひっかけ

「いつ」ひっかけ

3章 受験生のためのアドバイス

① 受験生の混乱につけこむ「ひっかけ」あるある

② 「試験に出る書類」の実物

③ わかっているようでわかっていない要注意用語集

序章

平井式・宅建試験突破法

合格のために必要な勉強時間

他人のことは気にするなと言われても、「いったい他の受験者はどれくらい勉強しているのだろうか」と、つい気になってしまいますよね。

多くの受験者たちを見守ってきた私が考えるに、合格に必要な勉強時間はずばり**「340 時間」**です。

もっとも、単純に 340 時間やれば合格できるというものではなく、下記のように期間ごとに分けて計算してください。

勉強時間の目安

8 月中旬まで	190 時間
8 月中旬～試験まで	150 時間
	合計 340 時間

勉強の内容も、この 2 つの期間には違いがあります。

8月中旬まで（基礎期）

→基礎を固める期間

まず 8 月中旬までの期間は、基礎期となります。ひと通りの学習を済ませ、宅建試験の全体像を把握するのです。そのためには、やはり190時間くらいはかかってしまうでしょう。

そして**基礎が出来上がった状態で、ラスト2カ月のいわゆる直前期につなげていくのが理想**です。

8月中旬〜試験まで（直前期）
→暗記物や苦手箇所を攻める

直前期は、暗記物や自身の苦手なところを中心に学習していくことになります。

問題を解いて、間違えたところはテキストに戻って理解を深めていく——このような作業が中心となっていきますが、これに150時間は必要となってきます。

直前期の目安として、1日2時間半ほどの学習量をイメージしておいてください。

仮に基礎期で250時間の勉強時間を確保できていたとしても、直前期に時間がとれなかった場合、残念な結果に終わってしまう危険性が高くなるので、注意が必要です。

宅建試験は暗記要素が強い試験です。**直前期にいかに多くの暗記事項を頭に詰め込むことができるかで、はっきりと明暗が分かれてしまう**のです。

直前期はスキマ時間を活用せよ!

「でも他にも予定があるし、毎日2時間半なんて無理かもしれない。いったいどうすれば?」

そう不安に思うかもしれません。が、あくまでこれは1日の合計です。**連続して2時間半を確保する必要はありません。**

たとえば家を出る前に15分、家に帰ってから15分、寝る前に30分……これだけで、もう1時間勉強したことになります。他にも電車での移動中、昼休み、お風呂が沸くまでの間、SNSのチェックに使っていた時間——いろいろなところに、活用できる時間は残されています。

スキマ時間を活用すれば
2時間半勉強できる!

例

家を出る前	15分
通勤電車	30分
昼休み	20分
帰りの電車	30分
お風呂が沸くまで	15分
寝る前	40分
計	2時間30分

スキマ時間を味方につけ、少しずつでも確実に、勉強時間を積み重ねていくよう心がけましょう。

問題文を読み解く3つのポイント

宅建試験は、年々問題文が長くなる傾向にあります。

ただでさえ堅苦しい条文の表現で書かれていますから、どこを見て○×を判断すればいいのか、わかりづらいですよね。

そこで文章をどう紐解いていけばよいのか、ポイントを3つに絞ってお伝えします。

ポイント❶ 「平井式5W1H」を意識せよ!

当然の話ですが、試験委員が誤った選択肢を作る際は、正しい文章の一部をいじってひっかけ問題を作成しています。

その際にいじられる要素は主に6つ。それらを**「平井式5W1H」**として紹介しておきたいと思います。

平井式5W1H

① Who	「誰が」
② Whom	「誰に」
③ What	「なにを」
④ When	「いつ」
⑤ Where	「どこで」
⑥ How	「どのように」

モグラたたきをイメージしてください。モグラはどの穴から出てくるかはわかりませんが、出てくる穴はすでに用意されていますよね。

実は**試験問題にも、ぱっと見ではわからないだけで穴が存在している**のです。その穴の場所を見つけるために、「平井式５Ｗ１Ｈ」をぜひ活用してください。

次の文章を見てください。

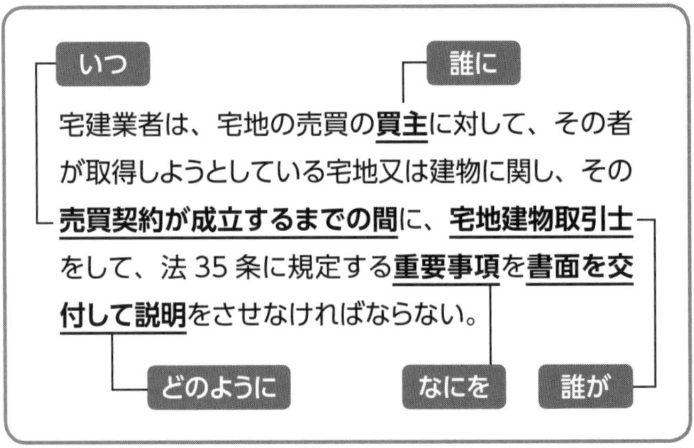

宅建業法 35 条に関する文章です。

これは正しい記述となっていますが、この文章の５Ｗ１Ｈ、つまりひっかけになりうる穴は、下線部となります。堅苦しい文章が、ぐっとさばきやすくなったのを感じませんか？

あらかじめこうして目のつけどころがわかっていれば、ケアレスミスを防ぐことができますよね。

さらに、慣れてくれば解答に不必要な文を読み飛ばすこともできるので、時間短縮にもつながります。まさに一石二鳥!

ぜひ日頃から、穴を見つけ出す意識を持って、問題文に多く触れてください。

ポイント❷ 「場合」「とき」で事案を確定!

宅建試験の問題文は、ほぼすべての選択肢に「場合」「とき」という言葉が出てきます。

「場合」「とき」という言葉が来たら、一度文章を切りましょう。

というのも、この「場合」「とき」という言葉の前には、問題となっている事案が書かれています。試験委員が、「こういうケースですよ～」と教えてくれているのです。

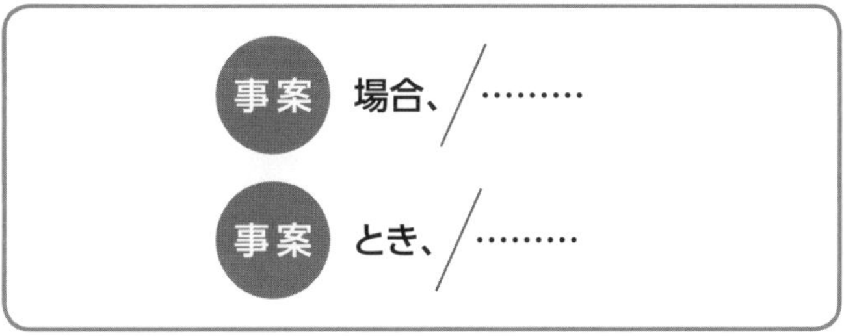

けれど、わざわざ教えてくれているからこそ、事案の読み取りミスをしてしまうと、正しい知識を持っていたとしても正解を導くことはできません。

「場合」「とき」で文章を区切った後、すぐに続きの文章を読んではいけません。まずは事案を正確に読み取り、何が起きているのかを正確に把握してください。
「あ、これはテキストでやったあのケースだ!」ということがわかってから、「場合」「とき」の後を読むクセをつけましょう。
こうすることにより、正誤判断の確実性が飛躍的に向上します。

ポイント❸ 宅建試験の本質は「間違いさがし」!

ひとつ、おもしろいデータをご紹介しましょう。

令和元年	111 / 199	56%
平成 30 年	111 / 200	56%
平成 29 年	112 / 198	57%

上記は直近3年間における、誤った記述となっている選択肢の数を示した表です。
このデータから、**毎年誤りの選択肢の数はほぼ同じ**ということがわかると思います。さらに、**「誤った記述のほうが正しい記述よりも多い」**ということも読み取ることができます。
何を言いたいのかというと、**○の選択肢を○と判断するよりも、×の選択肢を×と判断するスキルが重要**ということです。
あたりまえの話ですが、「誤っているものはどれか」という問題の場合、×の選択肢を見つけることができれば得点することができます。逆に、「正しいものはどれか」という問題の場合、×の選択肢を正確に消していけば、消去法でその問題は得点することができます。

　このように、**宅建試験の本質は間違いさがし**なのです。

「本番で×どころをしっかりと見つけることができれば、合格できる」

　そう考えるだけでも、日々の勉強が楽になりませんか？

　千里の道も一歩から。○を導くにもまずは×から。

　しっかりと×をつけられるように意識しながら、勉強に取り組んでいきましょう。

まとめ　■問題文を読み解く3つのポイント

① 平井式5W1Hを意識せよ!

Who	「誰が」
Whom	「誰に」
What	「なにを」
When	「いつ」
Where	「どこで」
How	「どのように」

② 「場合」「とき」で文章を区切り、事案を確定!

すぐに続きを読むのではなく、事案の把握に努めよ!

③ ○の選択肢を探すのではない、×を探せ!

合格するためには、絶対にとるべきカテゴリーがある

宅建試験合格のためには、絶対に得点しなければならない分野がいくつか存在します。

これらに共通して言える特徴は、**「出題されるところが決まっており、かつ、正答率が高い」**ということ。すなわち、合格レベルにある受験生の多くが得点してくる問題であるということです。

ここで失点してしまうと、合格基準点に達することが難しくなってしまいます。

それほどに、合否に直結する問題が多いという意識を持っておきましょう。

とるべきカテゴリーに苦手分野があれば最優先せよ!

特に近年、合格するためにはこのカテゴリーでの得点が必須となってきています。

絶対にとるべきカテゴリーの中で、自身の苦手な分野がある場合、最優先でその分野を固めるようにしましょう。

詳しくは、前作で解説をしておりますので、そちらをご覧ください。

とるべきカテゴリーの内容

分野	カテゴリー	出題数
宅建業法	宅建業の免許の要否に関する問題	1問
	営業保証金	1問
	保証協会	1問
	広告その他の業務規制	1問
	媒介	1問
	報酬	1問
	住宅瑕疵《かし》担保履行法	1問
権利関係	区分所有法	1問
法令上の制限	都市計画法	2問
	国土利用計画法	1問
	宅地造成等規制法	1問
	農地法	1問
5点免除科目	統計	1問
合計		14問

合格を阻む3つの壁の越え方

試験勉強の一環として、特に直前期には模擬試験を受けるようになると思います。

すると、３つの壁にぶつかることがあります。

「24 点の壁」「30 点の壁」「36 点の壁」の３つです。

これらを突破しなければ、合格に辿り着くことはできません。

壁にはそれぞれの特色があり、攻略法も異なります。

模擬試験結果などを参考に、自分が今どの壁と対峙しているのか、状況に合わせた対策を立てていきましょう。

1 24点の壁の越え方

最初の壁は「24 点の壁」です。

この最初の壁を越えるには、**基礎力をしっかりと身につけること**が大切です。

そのためには、ある程度の勉強時間が必要となります。24 点の壁を越えられない方は、まず自身の勉強時間を振り返ってみてください。「合格のために必要な勉強時間」よりも圧倒的に少ない場合には、基礎的な勉強時間が足りていないかもしれません。

また、理解度も見直してみましょう。正解した問題の中に、「なんとなく」で解答を選んだものはありませんか？

なんとなく正解した問題は、次には不正解となる確率が非常に高いです。

誤りの選択肢であれば、どこが誤りなのかを自分の言葉で説明できるレベルを目指してください。**理由を説明できなければ、理解できているとは言えません。**ですから、問題演習のときには、きちんと理由をつけてから解答するようにしましょう。

さらに、**24 点以上得点できないということは、とるべきところで失点してしまっている**ということを意味します。

前述した「絶対にとるべきカテゴリー」を確実に得点できるレベルにまで高めれば、それだけで 14 点稼げる計算になります。

ですから、もしこのカテゴリー内で失点してしまっているようなら、最優先で克服していきましょう。

「長所を伸ばすより、まずは短所をなくす」

これをモットーに、きちんと自身の弱点と向き合っていきましょう。

★「24点の壁」を越えるためのチェックポイント

- 勉強時間は足りているか
- 理由づけを行いながら問題演習をしているか
- 絶対にとるべきカテゴリーで落としているものはないか
- 苦手のままにしている論点はないか

❷ 30点の壁の越え方

次なる壁は「30点の壁」です。

「24点の壁」を突破できているということは、基礎力はおおよそ身についていると考えられます。これは最低限、戦う準備は整っているということです。

ですから、ここからは現状を維持しながら、さらに得点を伸ばしていく必要があります。

「現状を維持しながら」とわざわざ書いたのは、「油断大敵である」ということをお伝えするためです。

「基本的な勉強時間」「理由づけを行いながらの演習」「弱点克服」――これら「24点の壁」を越えるポイントは、引き続き継続が必要です。

いわゆる中だるみ状態にならないよう、注意しながら勉強に臨みましょう。

さて、「30点の壁」を越えるために新しく気をつけてほしいポイントに、まず**「自身の思考パターン」**が挙げられます。

繰り返し問題を解いていく中で、何度も間違えてしまっている問題があるはずです。

間違えた問題は、解説を見れば、そのときには理解できるでしょう。ただ宅建試験は範囲が広いため、他の分野の問題を解いてから再度間違えた問題に戻ってきたときに、また同じところで間違えてしまうということが多々起こります。

「自身の思考パターン」というものがあるために、どうしてもまた間違った道筋を辿ってしまうのです。

これを克服するためには、思考パターンそのものを変えなければなりません。

「思考パターンなんて、どうすれば変えられるの?」

とお思いでしょうが、その方法は実に地道です。

自分がその答えを導き出すまでの思考過程を冷静に分析し、思い違いを起こした分岐点を把握します。そして分岐点に関わる知識を深め、正確な考え方の道筋をインプットし直すのです。

これには、どうしても時間がかかるでしょう。そもそもこういったエラーを減らすためにも、日頃から理由づけを徹底し、自分の言葉で説明できるレベルにまで高めていってください。

また、「この事案の場合は○」と、反射的に問題を解いてしまっていないかも確認する必要があります。

ひっかけポイントを意識せずに、「他の問題で、この事案は正解だった」と安易に結論づけてしまうと、少しでも事案を変えられてしまったときに得点できなくなってしまいます。

わかったつもりになっている論点ほど危ないので、安定して得点できない分野については、再度正確なインプットを心がけていきましょう。

さらに**「消去法に頼りすぎていないか」**という点にも注意が必要です。

「宅建試験の本質は間違いさがしである」と前述しましたが、

それは○**を○と判断するスキルをおざなりにしていいということではありません**。

本試験では消去法を使って問題を解いていくことにはなりますが、**日頃から消去法で問題演習をしてしまうと、知識の正確性を上げることができない**のです。

たとえば、同じ問題を何度も解いていくうちに、正しい選択肢を覚えてしまうことがあります。採点上では正解していますが、それで果たしてその問題をマスターしたと言えるのでしょうか？　他の選択肢をなぜ選ばなかったのか、その理由がおろそかになってはいないでしょうか？

これは過去問に慣れた頃にこそ落ちやすい、実に危険な落とし穴なのです。

過去問も無限にあるわけではないですから、選択肢一つひとつが貴重な資料です。これを活用しないなんて、とてももったいないこと。

「正解したからいいや」と読み飛ばすのはやめて、すべての選択肢にきちんと理由づけをしていくことが重要です。そのうえで正誤判定をして、知識の正確性を深めていってほしいのです。

問題の形式が「正しいものはどれか」であろうが、「誤っているものはどれか」であろうが、関係ありません。日頃の演習では一つひとつの選択肢とていねいに向き合うことが、安定した得点につながっていくのです。

「30点の壁」を越えるのにおすすめの勉強法は、**間違えた**

ところをノートなどにまとめておくこと。

どこでどう失点したかを記すことで、自身の「だまされポイント」が浮き彫りになっていきます。そうするとその論点が出題されたときに、警戒しながら問題文を読むことができるようになるのです。

スマートフォンをお持ちの方は、メモ帳アプリをおおいに活用してください。移動中などに気軽に読み返すことができますから、反復練習となってかなり力がついていきます。

★30点の壁を越えるためのチェックポイント

- 何度も間違えてしまう問題の分析ができているか
- 日頃、消去法で問題を解いていないか
- すべての選択肢に向き合っているか
- 間違えたところを整理するツールを用意しているか

3 36点の壁の越え方

最後の難関は「36 点の壁」です。

これを越えるためには、とにかく知識の正確性を上げていかなければなりません。

30 点以上得点できていますから、知識の量としては問題ない状態だと考えていいでしょう。**あとはいかに正確に選択肢を切れるかどうかの勝負**となっていきます。

極限まで知識の正確性を高めていきましょう。

そのために、まずは精神論として、**自身への甘えは捨てましょう。**自分に厳しく、点数はもちろんのこと、解答に至った経緯などを今一度見つめ直していただきたいのです。

結果的に正解できた問題であっても、少しでも迷ってしまった問題については、要注意と考えてください。

「結果的に正解しているんだからいいや。次に行ってしまえ」

今まで、こんな考えでテキストのページをめくったことはありませんか？

もしこれが仕事上のことだったら、一歩間違えば大問題となるような事態を「いいや」と看過することはできませんよね。やはり早急に改善しなければなりません。

「今回はたまたまどうにかなったけど危なかった。二度と同じような事態には陥らないようにしよう」

試験勉強にも、このような心持ちで臨んでいきましょう。

また、迷った結果、失点した問題もあるはずです。

その中でも、**「二択まで絞ったのに間違えてしまった問題」こそ実力を伸ばすカギ**となりますので、なぜ間違えたのかを冷静に分析してみてください。

仮にそれが何度も間違えている論点であれば、最優先で知識を固めなければなりません。

二択まで絞ったのに間違えた場合、その問題が個数問題でない限り、２つの大きなミスをしていると考えましょう。

というのも、仮にミスがひとつだけなら、その問題は正解できていたはずだからです。

４つの選択肢のうち、正しいものはどれかを選ばせる問題があったとしましょう。

そのとき、選択肢①と②は切ることができたとします。

残る選択肢③と④で悩んだ結果、③が正しいと判断したものの、残念ながら答えは④だったとしましょう。

このとき、犯してしまったミスは次の２つです。

- ③を正と判断してしまったこと
- ④を誤と判断してしまったこと

二択まで絞れたにもかかわらず間違えたのだとしたら、必ず上記２つのミスを同時に犯してしまっているのです。

仮に「③も正しそうだけど、④のほうがどう考えても正しい」という迷い方をしていれば、④が正解肢と決断できていたでしょう。

繰り返しになりますが、**「36点の壁」を越えるために必要なことは「甘えを捨てること」**です。

些細《ささい》に見えるエラーを、どれくらい突き詰めて考えられるか。これこそが合格できるかどうかの違いだと考えてください。

また、自分の苦手なところを把握しきれていない可能性もあります。自分ではマスターしていると思っていたところでも、分析してみると意外に苦手だったというケースが実は多いのです。

「自身の思考パターン」を把握して、どのような場合に間違えやすい傾向にあるかを知ることで、「36 点の壁」を突破することができるはずです。

もちろん、「絶対にとるべきカテゴリー」での失点がいまだにあるならば、致命的なミスととらえ、「もう二度と間違えない」という意気込みで復習をしていきましょう。

本書で紹介しているテクニックやひっかけパターンも、再確認していただきたいところです。

解説を見てもよくわからない、という問題はほとんどない状態だと思いますので、「ひっかけを見抜く力」も高めやすい時期です。

ひっかけパターンを今一度記憶の表層に呼び起こすためにも、本書をぜひ復習に活用してください。

問題を読んで「あ、これはあのパターン!」とすんなり当てはめることができたら、実に気分が爽快になりますよ。

★36点の壁を越えるためのチェックポイント

・「迷ったけど正解したからいい」という甘えはないか
・二択まで絞って間違えた問題を正確に分析できているか
・自身の苦手なところを正確に把握できているか
・絶対にとるべきカテゴリーで落としているものはないか
・ひっかけパターンをインプットできているか

出題負荷マップ

宅建試験は範囲が広く、科目ごとに出題の傾向が異なっています。

また、重視すべき科目とそうでない科目の差が激しいため、正しい比重と攻略法で勉強していくことが必要となります。

本書では、これを「出題負荷マップ」と題し、それぞれの科目が占めるウェイトをまとめました。

まずは敵を知ることが重要ですから、どの範囲からどれくらいの問題数で出題されているかを把握し、得点計画を立ててください。

なお、前述したように2020年4月1日に民法が改正されたため多少比重と傾向が変わる可能性もあります。

出題負荷マップの見方

得点のしやすさ	◉ 黒星が多いほど得点しやすい
範　囲	◉ 出題範囲の広さ
難易度	◉ 黒星が多いほど難しい
勉強の比重	◉ テキスト理解と問題演習、どちらに比重を置いて勉強すべきか （テ=テキスト理解、問=問題演習）
目標点数	◉ 全問中、何問正解をめざせばよいか

試験全体の出題負荷マップ

分野	科目	得点のしやすさ	出題数	目標点
権利関係	民法	★★☆☆☆	10	5～6
	借地借家法	★★★☆☆	2	1～2
	区分所有法	★★★★★	1	1
	不動産登記法	★☆☆☆☆	1	0～1
法令上の制限	都市計画法	★★★★☆	2	2
	建築基準法	★★★☆☆	2	1～2
	国土利用計画法	★★★★★	1	1
	宅地造成等規制法	★★★★★	1	1
	農地法	★★★★★	1	1
	土地区画整理法	★★★☆☆	1	0～1
税・価格評定	国税	★★★☆☆	1	0～1
	地方税	★★★★☆	1	1
	価格評定	★★★☆☆	1	0～1
宅建業法		★★★★★	20	18
5点免除科目	住宅金融支援機構法	★★★☆☆	1	0～1
	景品表示法	★★★★★	1	1
	統計	★★★★★	1	1
	土地	★★★★☆	1	1
	建物	★★★☆☆	1	0～1
合計			50	38

※宅建業者の従業者の方で、登録講習を受講された方は、5点免除科目については免除されます。

1 権利関係(全14問)

①民法（10問）

得点のしやすさ	◉ ★★☆☆☆
範　囲	◉ 広い
難易度	◉ ★★★★★
勉強の比重	◉ テ6　問4
目標点数	◉ 5～6問／10問中

1000 以上の条文数があり、問題の難易度も高いことから、全問正解を狙う科目ではありません。

定番のひっかけパターンも少ないため、根本的な理解が問われる科目です。

②借地借家法（2問）

得点のしやすさ	◉ ★★★☆☆
範　囲	◉ 中
難易度	◉ ★★★☆☆
勉強の比重	◉ テ4　問6
目標点数	◉ 1～2問／2問中

土地と建物のひっかけ、「誰が」「どのように」といったひっかけパターンが多く出題されています。

③区分所有法（1問）

得点のしやすさ	◉ ★★★★★
範囲の広さ	◉ やや狭い
難易度	◉ ★☆☆☆☆
勉強の比重	◉ テ2　問8
目標点数	◉ 1問／1問中

確実に得点しなければなりません。

数字のひっかけ問題がメインとなっていますので、数字に注意をしながら問題文を読むクセをつけておきましょう。

④不動産登記法（1問）

得点のしやすさ	◉ ★☆☆☆☆
範囲の広さ	◉ 広い
難易度	◉ ★★★★★
勉強の比重	◉ テ3　問7
目標点数	◉ 0～1問／1問中

確実に得点しようとすると、司法書士試験レベルの勉強が必要となってしまいます。

最低限、本書で紹介しているひっかけパターンは押さえておきましょう。

❷ 法令上の制限（全8問）

①都市計画法（2問）

得点のしやすさ	◉ ★★★★☆
範囲の広さ	◉ やや広い
難易度	◉ ★☆☆☆☆
勉強の比重	◉ テ3　問7
目標点数	◉ 2問／2問中

イメージしづらい規定が多いことから、苦手な受験生が多い法律ですが、**定番のひっかけパターンが多い**のが特徴です。**「イメージできないけど、×どころはわかる」というレベルで十分得点できます。特に「場所」に関するひっかけが多い**ため、エリアに着目をして問題を攻略していきましょう。

②建築基準法（2問）

得点のしやすさ	◉ ★★★☆☆
範　囲	◉ やや広い
難易度	◉ ★★★☆☆
勉強の比重	◉ テ3　問7
目標点数	◉ 1〜2問／2問中

「数字」「場所」「なにを」に関するひっかけが多いです。

③国土利用計画法（1問）

得点のしやすさ	◉ ★★★★★
範　囲	◉ やや狭い
難易度	◉ ★☆☆☆☆
勉強の比重	◉ テ2　問8
目標点数	◉ 1問／1問中

確実に得点すべき科目です。

数字のひっかけや、場所、契約、手続きに関するひっかけがほとんどです。

④宅地造成等規制法（1問）

得点のしやすさ	◉ ★★★★★
範囲の広さ	◉ 狭い
難易度	◉ ★☆☆☆☆
勉強の比重	◉ テ3　問7
目標点数	◉ 1問／1問中

範囲が狭く、難易度も易しいので、確実に得点すべきカテゴリーといえます。

数字のひっかけ、許可・届出のひっかけが多く存在します。

⑤農地法（1問）

得点のしやすさ	◉ ★★★★★
範囲の広さ	◉ 狭い
難易度	◉ ★☆☆☆☆
勉強の比重	◉ テ2　問8
目標点数	◉ 1問／1問中

確実にとらなければなりません。

場所と手続に関するひっかけがほとんどであるため、問題演習の比重を高めた学習がおすすめです。

⑥土地区画整理法（1 問）

得点のしやすさ	◉ ★★★☆☆
範囲の広さ	◉ 中
難易度	◉ ★★★☆☆
勉強の比重	◉ テ4　問6
目標点数	◉ 0〜1問／1問中

イメージしづらい法律ですが、**「だれが」というひっかけが多い**という特徴があります。問題文を読む際も、まずは**「だれ」に着目**をすることで選択肢を切ることができます。

③ 税・価格評定（全3問）

①国税（1問）

得点のしやすさ	◉ ★★★☆☆
範　囲	◉ 広い
難易度	◉ ★★★☆☆
勉強の比重	◉ テ3　問7
目標点数	◉ 0〜1問／1問中

難しい問題が出題されることがあることに加え、**出題予想がしづらい**科目です。問題演習にやや重きを置いた学習をしつつ、本書のひっかけパターンを押さえておきましょう。

②地方税（1問）

得点のしやすさ	◉ ★★★★☆
範囲の広さ	◉ 中
難易度	◉ ★☆☆☆☆
勉強の比重	◉ テ2　問8
目標点数	◉ 1問／1問中

不動産取得税か固定資産税のどちらかが出題されます。**数字のひっかけがメイン**となっているため、問題演習を中心とした学習が攻略の近道です。

③価格評定（1問）

得点のしやすさ	◉ ★★★☆☆
範囲の広さ	◉ やや狭い
難易度	◉ ★★★☆☆
勉強の比重	◉ テ4 / 問6
目標点数	◉ 0～1問／1問中

年によって難しい問題が出題されることもあるため、**あまり時間をかけすぎないほうがいい**科目です。

4 宅建業法（全20問）

得点のしやすさ	◉ ★★★★★
範囲の広さ	◉ 狭い
難易度	◉ ★☆☆☆☆
勉強の比重	◉ テ3 / 問7
目標点数	◉ 18問／20問中

宅建業法で大量得点できない限り、合格はあり得ません。全問正解を目指すべく、とにかく最優先で勉強しましょう。

20問という出題数からすると範囲も狭めですから、過去問をしっかりマスターすれば大丈夫。テキストの内容をある程度理解したうえで、繰り返し問題を解きましょう。

宅建業法の問題は、**買主が宅建業者、場所など多くのひっかけパターンがありますが、定番のものも多い**です。

まずは本書でそこを押さえましょう。

5 5点免除科目（全5問）

①住宅金融支援機構法（1問）

得点のしやすさ	◉ ★★★☆☆
範囲の広さ	◉ 中
難易度	◉ ★★★☆☆
勉強の比重	◉ テ2 問8
目標点数	◉ 0～1問／1問中

イメージしづらい受験生が多い科目です。

あまり時間をかけすぎず、**本試験で出題されたところに絞って知識を固めていけば大丈夫**です。

②景品表示法（1問）

得点のしやすさ	◉ ★★★★★
範　囲	◉ やや狭い
難易度	◉ ★☆☆☆☆
勉強の比重	◉ テ2　問8
目標点数	◉ 1問／1問中

確実に得点しておきたい科目です。仮に知らない範囲が出題されたとしても、**常識的に考えれば選択肢が切れてしまうことも多い**です。

③統計（1問）

得点のしやすさ	◉ ★★★★★
範　囲	◉ 狭い
難易度	◉ ★☆☆☆☆
勉強の比重	◉ 例外（最新情報の暗記）
目標点数	◉ 1問／1問中

試験３日前あたりから**最新の情報を覚えるだけで、得点できてしまいます**。

テキストはおろか、問題演習すら必要ありません。

④土地（1問）

得点のしやすさ	◉ ★★★★☆
範　囲	◉ 広い
難易度	◉ ★☆☆☆☆
勉強の比重	◉ 例外（論理的思考&消去法）
目標点数	◉ 1問／1問中

知識問題として解くのではなく、論理的思考と消去法を駆使することで得点できます。前作（『宅建「ひっかけ問題」完全攻略　必勝！　鬼トレ問題集』）で解き方を紹介していますので、参考にしてください。

⑤建物（1問）

得点のしやすさ	◉ ★★★☆☆
範　囲	◉ 広い
難易度	◉ ★★★☆☆
勉強の比重	◉ 例外（論理的思考&消去法）
目標点数	◉ 0〜1問／1問中

建物に関する問題も、知識問題として解くものではありません。土地に関する問題と同じように、論理的思考と消去法を駆使して回答するようにしてください。

1章

民法大改正
重要項目

法改正にはテキスト重視の勉強を!

2020年4月1日より、民法の改正法が施行されました。実に120年ぶりとなる大改正であり、例年とは別次元の対応が求められます。

受験生の方から「どこが変わったの?」とよく聞かれるのですが、今年に関しては**変わっていないところのほうが圧倒的に少ない**です。

法律が改正されると、試験対策として直接影響が出るのが過去問の取り扱いです。昨年までとルールが異なるため、**使えない過去問が出てきてしまう**のです。

このことから、今年は**例年以上にテキスト重視の勉強が重要**になってきます。過去問が使えない以上、仕方ありません。

本書では、その中でも重要な項目を３つほどピックアップし解説しています。また、実質的な改正点が含まれる項目には 大改正 というアイコンを表記していますので、参考になさってください。

お手持ちのテキストと併せて、試験に負けない自分を作り上げていきましょう。

時効

時効って何?

民法上の時効は、次の２種類があります。

取得時効	**一定期間使い続ける**ことで、その権利を**自分のものにできる**
消滅時効	一定期間**使わない**と、その**権利を失う**

刑事ドラマなどで「○年間逃げ切ったら時効を迎えられる」といった話が出てきますが、あれは刑法上の時効です。民法の時効とはまったく別の制度なので、頭を切り替えて学習していきましょう。

取得時効については改正はありませんが、消滅時効で改正点があります。また、それらに関連した部分で大きな改正があるため、まずは取得時効の確認から入っていきましょう。

取得時効（所有権）

他人の土地でも、**善意無過失で 10 年間**使い続けた場合には、自分のものになります。善意無過失とは、「他人の土地とは知らなかったし、それについて過失もなかった場合」

ということです。

また、悪意や善意でも過失がある**（善意有過失）**場合でも、**20年間**使い続ければ自分のものにできてしまいます。他人の土地と知っていたり、本人は知らなかったけれど「いや、普通は気づくでしょ」という場合です。

善意無過失	10年間
悪意・善意有過失	20年間

ちなみに、現実では土地全部の時効取得という事案はほとんどありません。ただ、**土地の一部**について時効取得が問題となることはあります。

たとえば、あなたが不動産屋さんに行って、土地Aを買ったとしましょう。現地では、すでにお隣さんが建物を建てていました。あなたは土地Aに家を建てて、住み始めました。

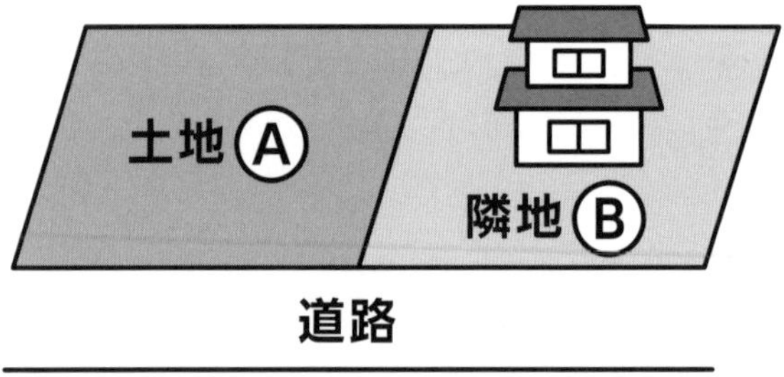

それから10年経ったとき、実は土地の境界線が次のような状態であると知りました。

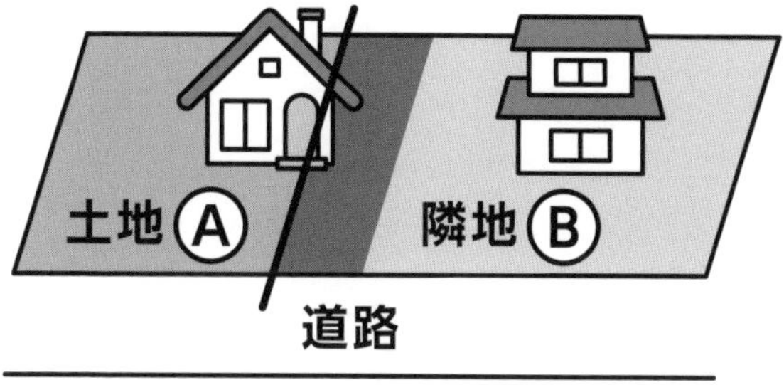

あなたは、土地の境界線を越えて、隣地Ｂの一部を占有していたのです。これが、現実的にある取得時効の事案です。

この場合、あなたが**善意無過失であれば、10年の取得時効が完成**します。また、仮にあなたが**悪意または有過失だった場合でも、20年間使い続けることで、隣地Bの一部を取得**できます。

土地には「境界標」というものが埋まっているのですが、古い土地だとこれがない場合もあります。その場合、**実は境界を越えていた**ということが起こり得ます。

ポイント① 賃借は×

所有権を時効によって手に入れるためには、所有の意思が必要です。

これは基本的に、**借りて使っている場合、時効取得できない**ということを意味します。「**借りパクはできない**」と覚えておきましょう。

ポイント② 前の人の状態を引き継げる

売買や相続によって使う人が変わった場合、新しい占有者は、前の占有者の状態を引き継ぐことができます。

たとえば、Aが善意無過失で、他人の土地を2010年から占有しているとしましょう。

その後、Aは2017年にこの土地をBに売却しました。このとき、**BはAの状態を引き継ぐことができる**のです。

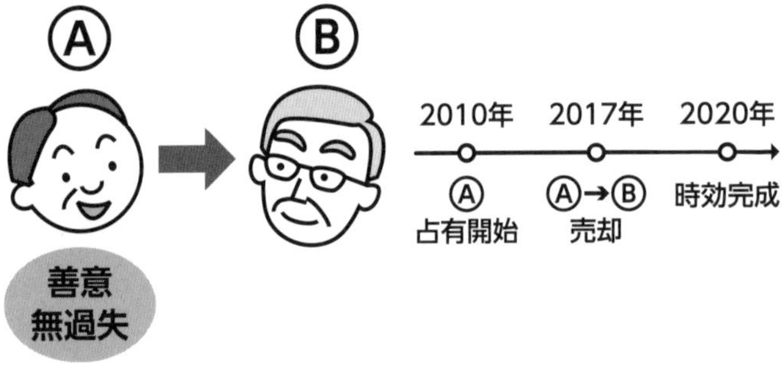

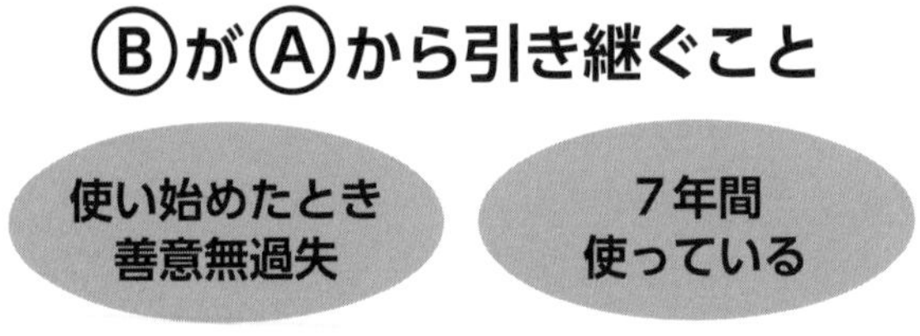

したがって、たとえB自身が悪意だったとしても、2020年に時効が完成します。

ちょっとずるい気もしますが、占有に承継が認められる以上、このような結論となるのです。

取得時効（所有権以外）

所有権以外にも、時効によって手に入れることができる権利があります。

試験では、**通行地役権**と**賃借権**が出題されています。

① 通行地役権

通行地役権とは、**他人の土地を通行できる権利**です。

たとえば、あなたが土地Ｃを所有しているとしましょう。

隣の土地Ｄを通れば、駅までショートカットできますよね。そこであなたは、堂々と土地Ｄに通路を作り、毎日その道を通って駅まで行きました。

土地Dの所有者もそれを黙認し、特に文句を言わなかった場合、あなたは土地Dの通行地役権を時効取得できます。

土地Ｄを通ることが法的な権利として認められるということです。

通行地役権　時効取得の要件

①継続的に行使されていること
（例：毎日その道を通っている）
②外形的に認識できること
（例：自ら堂々と通路を開設している）

② 賃借権

あなたは、甲土地の所有者Aの代理人と称するBと甲土地の賃貸借契約を締結しました。

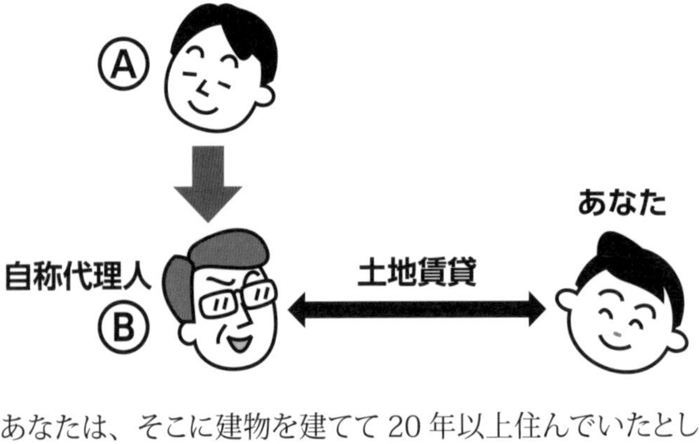

あなたは、そこに建物を建てて20年以上住んでいたとします。地代は毎月Bに払い、特にトラブルもなく生活していました。

ところがあるとき、Bは無権代理人であり、何の権限も持っていなかったことが判明しました。

所有者Aがあなたに対して、「私がこの土地の所有者だ。悪いが出ていってくれ」と言ってきたら、あなたはどうすればいいでしょうか。

答えは「**土地賃借権の取得時効を主張すればいい**」です。あなたは20年以上地代を払い、甲土地に住んでいたからです。借りて住んでいる以上、所有権を時効によって取得することはできません。しかし賃借権を時効取得すれば、あなたはこの土地から出ていく必要はないのです。

消滅時効

大改正

債権は、権利を行使することができることを**知ったときから5年ほったらかしにすると、時効によって消滅**します。

たとえば、AがBに100万円貸したとしましょう。返済の期限は2020年4月1日でした。

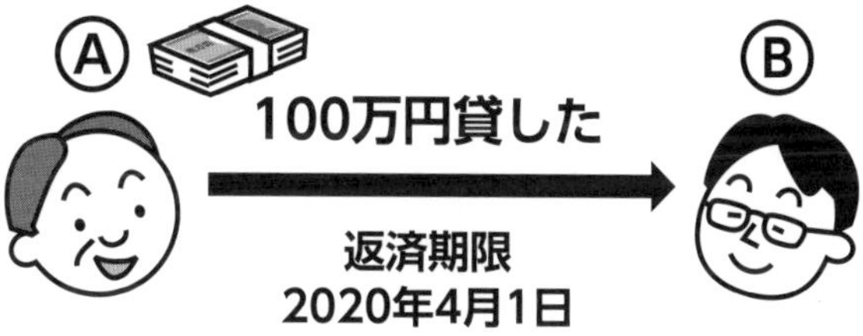

Aが4月1日以降、「金を返せ!」と言わないまま5年が経過してしまうと、この債権は時効によって消滅します。Bの借金がチャラになるということですね。

また、権利を行使することができるときから**10年**（人の生命または身体の侵害による損害賠償請求権は**20年**）を経過した場合には、時効により完全に消滅します。

ちなみにこれは**「債権者が行使できるとは知らなかった」場合の話**です。実際にはそんなことはほぼあり得ないので、あくまで試験対策として押さえておけば十分です。

ポイント　知ったときから5年、
知らなくても10年で時効消滅

なお、**所有権は時効によって消滅することはありません。**

考えてみれば当たり前の話です。みなさんの家にも 10 年以上使っていない物のひとつやふたつ、ありますよね。タンスの中の物がある日突然自分の物ではなくなるなんて、そんなおかしな話はありません。

大改正

時効の完成猶予・時効の更新って？

たとえば、あなたの土地をＡが占有しているとしましょう。善意無過失のＡがこの土地を使い始めてから、９年 11 カ月経過しています。このままではＡがこの土地を手に入れることになり、その結果みなさんは所有権を失ってしまいます。

Ａの**時効完成を阻止するために、時効の完成猶予と時効の更新という制度が存在**します。

2019年以前に宅建試験の勉強経験がある方向けに解説すると、「時効の中断」が時効の更新にあたります。

時効の更新

大改正

時効の更新とは、**リセットボタンを押すこと**です。これが起きると、時間の経過をゼロに戻すことができるのです。

先ほどの例でいうと、Aの占有期間9年11カ月をゼロに戻すことができるため、Aの時効完成を阻止できます。

次の2つの事由どちらかが起きると、時の経過がリセットされます。どちらか片方でいいので、両方満たす必要はありません。

① 確定判決または確定判決と同一の効力を有するものによって権利が確定したとき
② 承認があったとき

① 確定判決等

② 承認

時効の完成猶予

大改正

前述のように、裁判で勝てばリセットされます。

しかし、先ほどの例の場合、ひとつ問題があります。それは、**裁判はどんなに早くても半年くらいかかってしまう**ということ。Aがあなたの土地を占有し始めてからすでに9年11カ月経っている場合、**判決を待っているうちにAの時効が完成してしまう**のです。これでは意味がないですよね。

そこで、「**時効の完成猶予**」というシステムを活用します。これは読んで字のごとく、「その期間中は時効の完成が猶予される」というものです。

期間をゼロに戻す効果はないため、あくまで「**応急措置**」になります。とりあえず完成猶予させておいて、リセットするための準備を整えるといったイメージですね。

時効の完成は、次のいずれかの事由によって猶予されます。

（一部抜粋）

① **裁判上の請求**
② **仮差押え等**
③ **催告**

①の裁判上の請求は、訴えを提起した場合です。つまり、**裁判継続中は時効が完成しません**。じっくり法廷で争うことができるわけです。

もっとも、訴えが却下されたり、訴えを取り下げた場合には、時効の完成が猶予されるのは6カ月間だけです。6カ月の間に、再度訴えを提起する必要があります。

条文は、「確定判決または確定判決と同一の効力を有するものによって権利が確定することなくその事由が終了した場合」と表現しています。これは、訴え却下や訴えの取下げのことと判断してください。

裁判上の請求

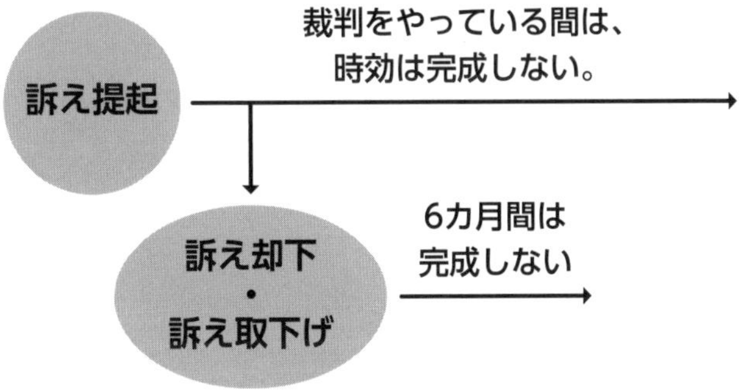

②の仮差押えは、文字通り**差押えの前段階**です。仮差押えをしたときから6カ月間は時効完成しませんが、あくまで「仮」です。その間に正式に訴えを提起する必要があります。

③の催告は、**裁判外の方法により請求をすること**です。内容証明郵便や口頭など、何かしらの方法で催告をすると、6カ月間は時効が完成しません。これはあくまで「応急措置」にすぎないため、6カ月が経過するまでに訴えを提起する必要があります。

なお、時効の完成猶予・時効の更新は、取得時効だけでなく消滅時効でも同じ事由で起こります。

たとえば、AがBに100万円貸した場合、Aが勝訴すれば時効が更新されます。また、債務者であるBが自身の債務を承認したときにも、時効が更新されます。時効の完成猶予についても同様です。

時効の更新事由

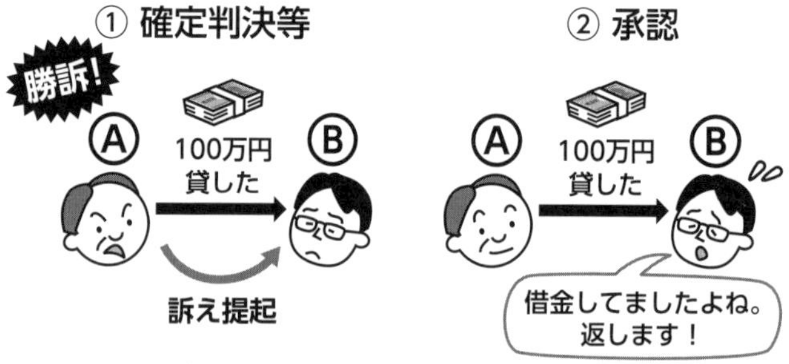

時効の援用

時効が完成した場合、**援用**《えんよう》という意思表示をすることで時効の利益を受けることができます。

時効の援用

時効の援用は、保証人もすることができます。

たとえば、BがAからお金を借りるにあたって、Cに保証人になってもらったケースです。この場合、Bはもちろんのこと、Cも時効の援用をすることができます。

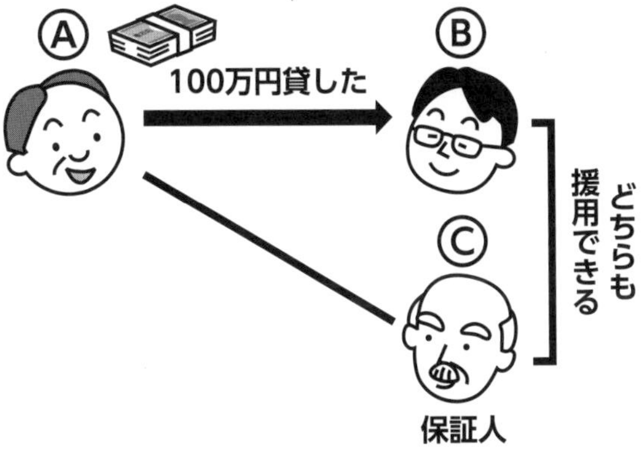

また、援用ができないケースも出題されています。

たとえば、XがYからお金を借りるにあたり、Xが所有する甲土地に抵当権を設定しました。その後、Xはさらに Zからもお金を借り、甲土地にZのために抵当権を設定しました。

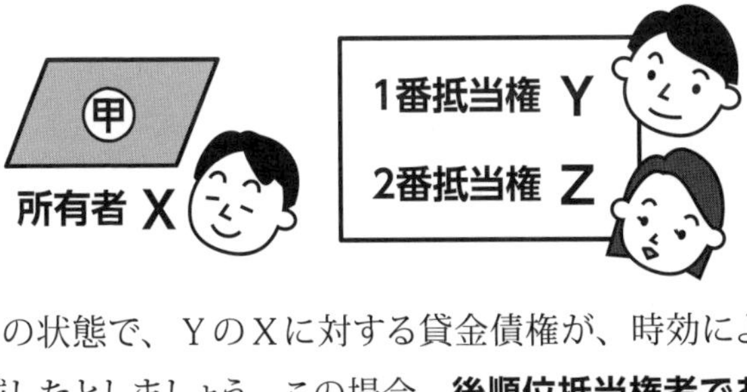

この状態で、YのXに対する貸金債権が、時効によって消滅したとしましょう。この場合、**後順位抵当権者であるZは、Yの貸金債権の消滅時効を援用することはできません。**

たしかに、１番抵当権が消滅すればＺが第一順位になるというメリットはあります。しかし、時効の援用ができるのは、当事者や保証人です。この債権の債務者はＸなので、さすがにＺは時効の援用をすることはできないのです。

時効完成後の話

時効が完成した場合、**時効によって利益を受ける人は、2つの選択肢からひとつを選ぶ**こととなります。

ひとつは、前述の**時効の援用**です。もうひとつは、**時効の利益の放棄**です。

時効完成 → **時効の援用**

時効完成 → **時効の利益の放棄**

時効の利益の放棄は、援用の逆の効果があります。

取得時効の場合

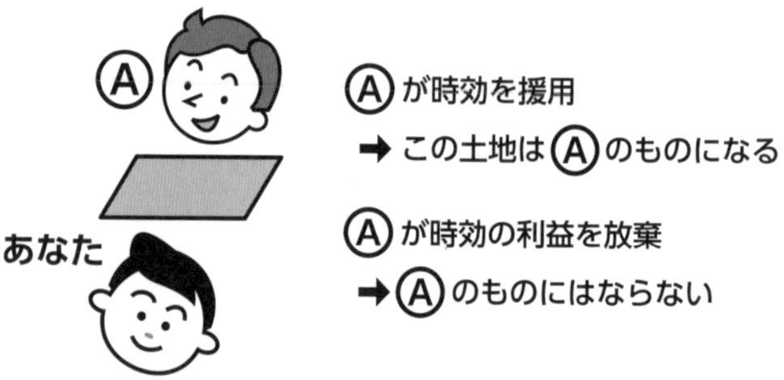

取得時効の場合

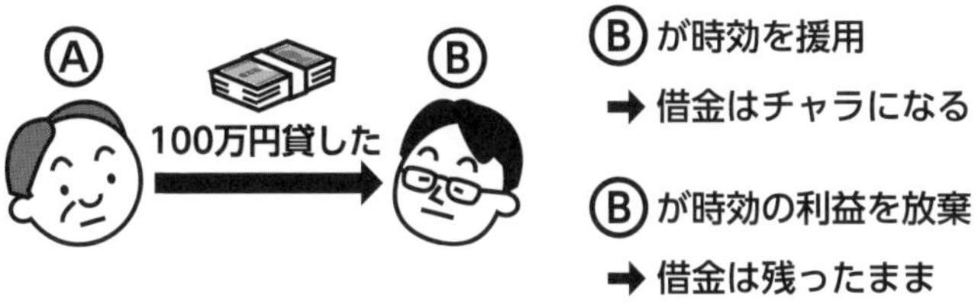

あらかじめ時効の利益を放棄することはできません。なぜなら、援用をするか時効の利益を放棄するかどうか、**選択するのは時効が完成した後**だからです。時効が完成する前は援用ができないのと同じで、利益の放棄もまたできません。

また、**債務者が時効の完成の事実を知らずに債務の承認をした場合、もはや債務者は時効の援用をすることはできません。**

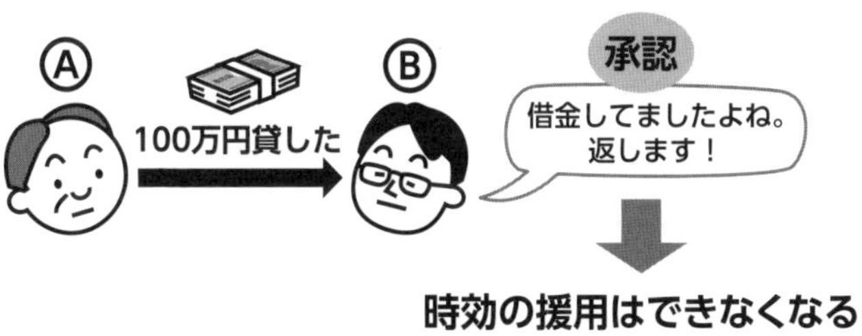

考えてみると当たり前で、一度債務の存在を認めたのに、その後「時効完成してたんですね。やっぱり援用して借金はチャラにします」というのは、人として許されないからです。

最後に、時効には**遡《そ》及《きゅう》効《こう》**があります。

たとえば、Ｋが2000年に甲土地を使い始め、その後2020年に時効が完成したとしましょう。このとき、**Kが時効を援用すれば、甲土地は2000年からKのものだったという扱い**になります。

なぜこのような扱いになるのかというと、**固定資産税をKに払わせたいから**です。Ｋは2000年から所有の意思をもって甲土地を占有していました。簡単に言ってしまえば、**所有者ヅラして甲土地を使っていた**ということです。にもかかわらず、固定資産税は2021年から払えばいいというのは不当ですよね。そこで、2000年からＫが所有者だったということにして、その分の固定資産税をＫに支払わせるようになっているのです。

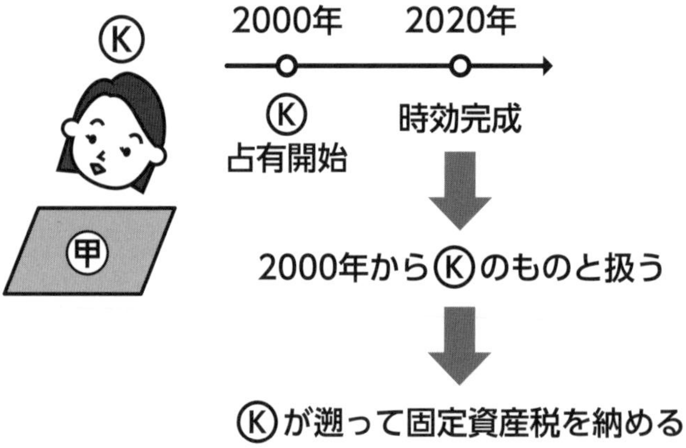

契約不適合責任

契約不適合責任って何?

お金を払って物を買ったのに、それが欠陥品だった場合、売主は買主に対して責任を負うことになります。これを**契約不適合責任**といいます。

民法は契約不適合を、次の３つに分類しています。簡単に言えば、いずれも**「思ってたのと違う!」というケース**です。

契約不適合の分類

種類・品質に関する契約不適合	**種類・品質に問題あり** 例：欠陥住宅を買ってしまった
数量に関する契約不適合	**数量に問題あり** 例：数が足りない
権利に関する契約不適合	**目に見えない権利に問題あり** 例：買った土地に他人の地上権がついていて、土地を使えない 例：買った土地に他人のものが混ざっていた

いずれのケースも、買主としては売主にクレームをつけたいですよね。そこで民法は、次の４つの権利を買主に与えています。

買主に認められる4つの権利

- 追完請求
- 代金減額請求
- 損害賠償請求
- 解除

4つの権利① 追完請求

追完請求とは、「直して」と請求したり、「代わりのものを引き渡して」と請求することです。数が足りない場合には、足りない分の請求をすることもできます。要するに、**「ちゃんとして!」と請求できる**ということです。

ただし、**契約の不適合が買主の責めに帰すべき事由によるものであるときは、追完請求できません**。「買主の責めに帰すべき事由」とは、**買主が悪い**という意味です。自業自得なので、買主が悪いときには追完請求はできません。

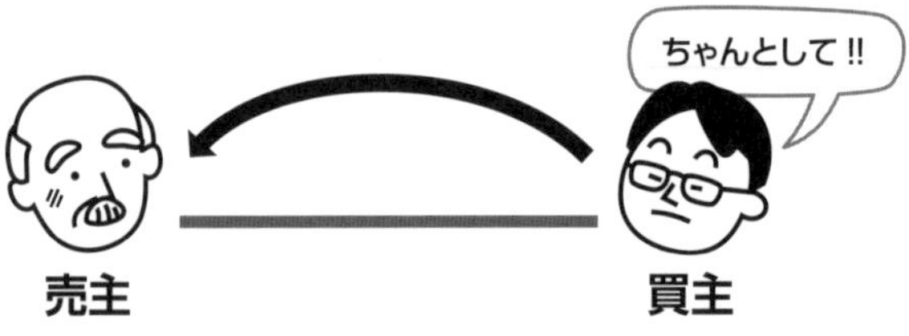

※ 買主が悪いときには、追完請求不可

4つの権利② 代金減額請求

追完請求をして、**それでも売主が何もしてくれない場合には、買主は代金の減額を請求することができます**。

これも先ほどと同様に、契約の不適合が買主の責めに帰すべき事由によるものであるときは、減額請求できません。

追完の催告をしたのに、
売主が何もしてくれない場合…

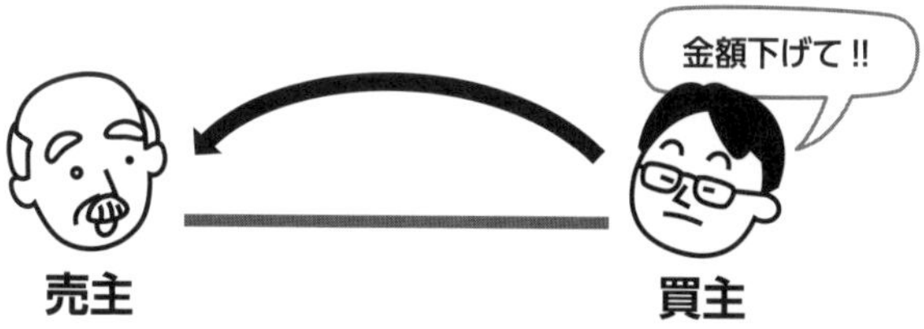

※ 買主が悪いときには、減額請求不可

流れとしてはまず追完請求をして、それでも売主が何もしてくれなかったときに、代金減額請求をすることになっています。

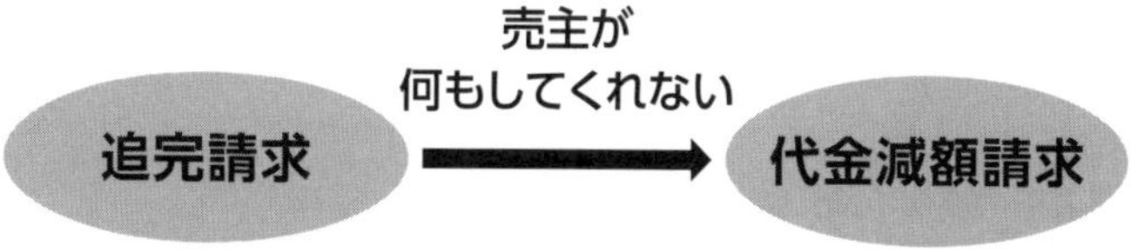

ただし、例外的に追完の催告をせずに、いきなり代金減額請求できる場合があります。

● いきなり減額請求できるケース

① 追完が不能であるとき

例えば、建物の売買をして、引渡し前に建物が全焼してしまったケースです。建物がこの世から消え去ってしまったので、もはや追完は不可能です。この場合、追完請求しても無意味なので、いきなり減額請求できます。

② 売主が追完を拒絶する意思を明確に表示したとき

売主が、「追完なんて絶対にしない!」とガンコに主張している場合です。これも追完を催告するだけ無駄なので、いきなり減額請求できます。

③ 契約の性質または当事者の意思表示により、特定の日時または一定の期間内に履行をしなければ契約をした目的を達することができない場合

長い文章ですが、たとえばウェディングドレスをオーダーしたのに結婚式当日までに届かなかったケースです。式が終わってから届いても、なんの意味もないですよね。この場合には、催告することなくいきなり減額請求できます。

4つの権利③④　損害賠償請求・解除

結局のところ売主は約束を果たせていないわけですから、債務不履行の規定により、買主は売主に対して、損害賠償を請求したり、契約を解除することもできます。

この４つが、基本的に買主に用意されている権利です。しかし、例外的にできないケースがありますので、それを覚えておきましょう。

4つの権利を実行できない例外的なケース

種類	例外的にできない場合
追完請求	契約の不適合が**買主の責めに帰すべき事由**によるものであるとき
代金減額請求	
解除	
損害賠償請求	契約不適合が**売主の責めに帰することができない事由**によるものであるとき

損害賠償請求は、契約不適合が売主の責めに帰することができない事由によるものだったら、することができません。**「売主は悪くない」ケース**と考えてください。売主は頑張ったけど仕方がなかった、という感じでしょうか。その場合には損害賠償請求はできません。

1年の期間制限

３つある契約不適合のうち、**種類・品質に関する契約不適合だけ、特殊な期間制限**があります。せっかく買ったのに、品質がダメだったケースです。

この場合、買主は、その**不適合を知ったときから1年以内**

に、その旨を買主に通知しなければなりません。もしこの通知をせずに１年が経過してしまったら、もう追完請求や代金減額・解除、損害賠償請求はできなくなります。

１年以内に通知をしなかったら…
買主は何も請求できなくなる!

もっとも、**売主が不適合を知っていた**、または、**知らなかったけれどそれについて重大な過失があった場合**には、**1年という期間制限はなくなります**。売主は欠陥があることを知っていたのに、それを買主に伝えていなかったわけですよね。それなのに、買主に「知ったときから１年」という期間を要求するのはずるいからです。

１年以内という数字も大事ですが、**ポイントは「種類・品質に関する契約不適合」だけ**ということです。つまり、「数量に関する契約不適合」や「権利に関する契約不適合」については、１年という期間制限はありません。

連帯債務

連帯債務って何?

数人の債務者がそれぞれ全責任を負うことを、連帯債務といいます。

まずは、実際に出題された事案を見ていきましょう。

平成29年　問8

A、B、Cの3人がDに対して900万円の連帯債務を負っている場合に関する次の記述のうち、民法の規定及び判例によれば、正しいものはどれか。なお、A、B、Cの負担部分は等しいものとする。

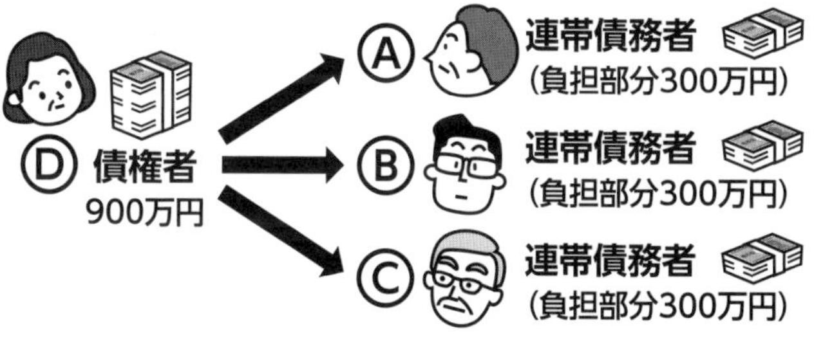

連帯債務では、**負担部分**という概念が存在します。これは、**連帯債務者間の内部的な話として、支出を負担すべき割合のこと**です。あくまで内部的なことなので、債権者に対してこの割合を主張することはできません。

連帯債務は「個別会計NGのファミレス」

連帯債務のポイントは、**個別会計NGのファミレス**で考えることです。先ほどの過去問の事案を、身近なところで、個別会計ＮＧのファミレスに置き換えてみます。

> A、B、Cの3人が個別会計NGのファミレスDに行き、合計 900 円の食事をした。なお、A、B、Cはそれぞれ 300 円分の食事をしたものとする。

まず、**連帯債務者は、それぞれ債務の全額を弁済する義務を負っています**。たとえば、ＡがＤから代金を請求されたら、Ａが全額を払わなければなりません。なぜなら、このファミレスは**個別会計ができない**からです。「私は 300 円分しか食べていないので、300 円しか払いません」と主張することはできないのです。

Ⓐが900円請求されたら…

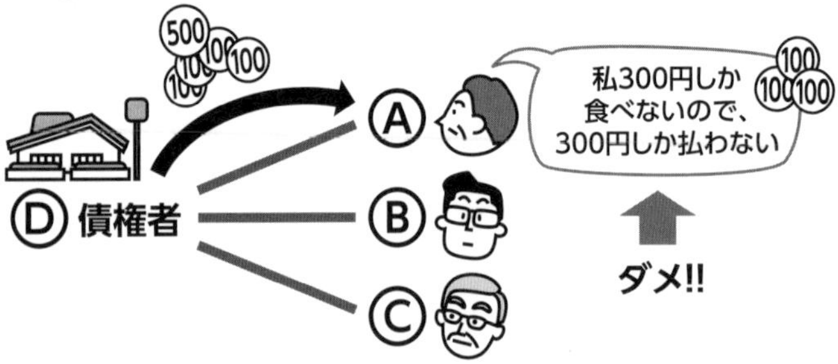

これが、**連帯債務者全員が全額の債務を負うという言葉の意味**です。**個別会計ができない以上、請求された人が全額を払う**必要があります。

もっとも、**Aは300円分しか食べていないのもまた事実**ですよね。それなのに900円を全額払うというのは不公平です。そこで、負担部分という概念が登場します。

BとCの分も支払ったAは、負担部分に応じてBとCに求償することができるのです。

Ⓐが900円支払った場合…

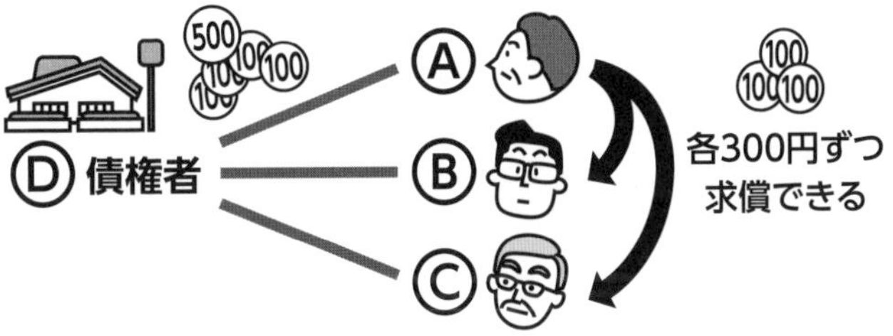

すでに述べたように、**負担部分はあくまで内部的なこと**です。これを債権者に主張することはできません。

つまり、**負担部分が意味を持つのは、誰かが弁済をした後**ということになります。

大改正

絶対効と相対効

連帯債務者の1人に何か出来事が起きた場合に、それが他の連帯債務者に影響するかどうかという論点があります。

原則 相対効	1人に起きた出来事は、他の連帯債務者には影響しない。
例外 絶対効	1人に起きた出来事が、他の連帯債務者にも影響する。 **【混同・相殺・更改】**

民法は、相対効を原則としたうえで、例外的に絶対効を持つ場合を規定しています。

試験対策としては、絶対効３つをしっかりと覚えてください。そうすれば、それ以外はすべて相対効という覚え方ができます。

絶対効①　混同

たとえば、ＡＢＣの３人で、Ａの父Ｄが営む居酒屋に行ったとしましょう。

食事代は合計 900 円で、代金は後日払うことにしました。このお店は個別会計ができないものとします。つまり、連帯債務ということです。

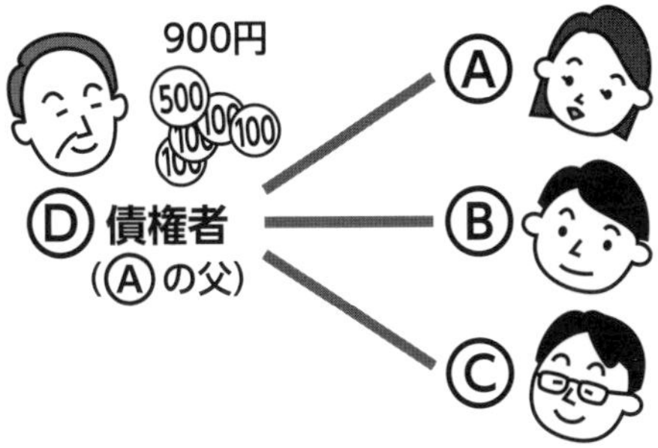

この状態で、**Dが亡くなりました**。ＡがＤを相続した場合、ＡＢＣ３人が負う**連帯債務は混同により消滅**します。

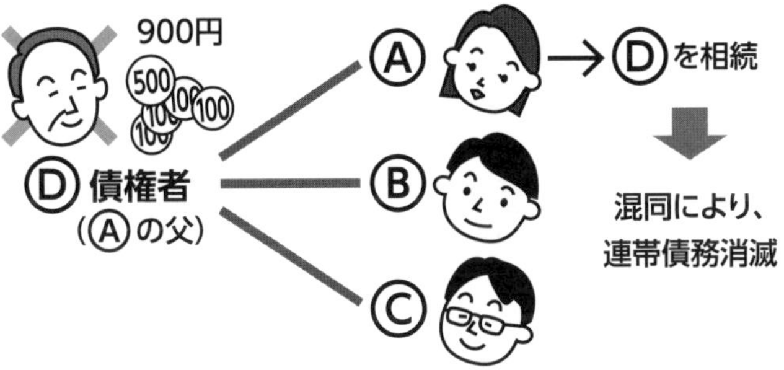

Ａは、Ｄを**相続したことにより自分で自分に債権を持つ状態**になりました。これは意味がないため、Ａの債務は混同により消滅するのです。そして、混同は絶対効をもつため、ＢＣの債務も同じく消滅することとなります。

ちなみにこの場合、ＡはＢＣに対して、その負担部分に応じて求償することができます。

大改正

絶対効② 相殺

たとえば、ＡＢＣの３人で、**個別会計ができないファミレスD**に行き、合計900円の食事をしました。なお、**Aは900円分の食事券を持っている**ものとし、負担部分はそれぞれ平等であるとします。

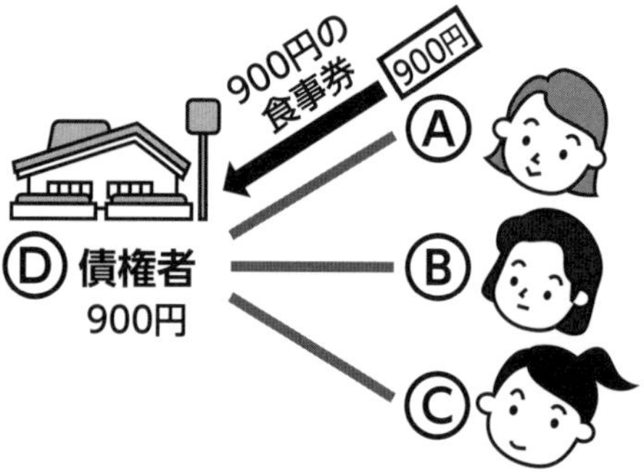

Ａが持っている**食事券は、Dに対する債権**です。つまり、ＡはＤに対して900円の**反対債権を有している**と考えることができます。

Ａが900円分の食事券を使えば、ＡＢＣ全員の食事代を支払うことができますよね。これは、**DがABCに対して有する債権とAがDに対して有する債権を相殺した結果**なのです。

相殺をしている（食事券を使っている）のはＡだけですが、相殺には絶対効があるため、その効果はＢＣにも及びます。これが、**相殺が絶対効を持つ**ということの意味です。

同じ事例で、ファミレスＤがＣに対して900円を請求した場合を考えます。繰り返しになりますが、このファミレスでは個別会計ができません。請求された人が全額を払わなければならないのです。

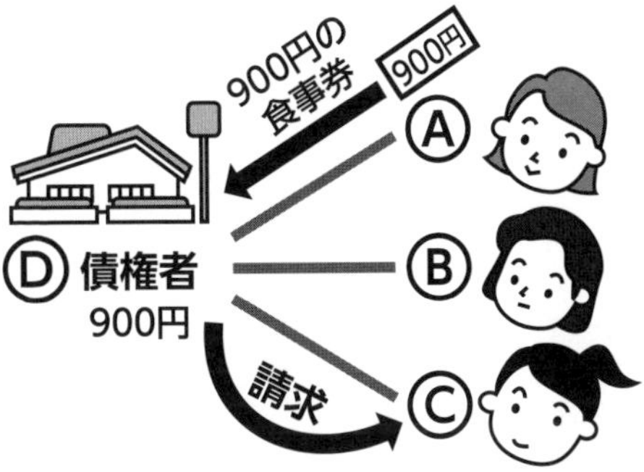

ただこの場合、CはAが有する900円分の食事券のうち、**Aの負担部分を限度に支払いを拒むことができます**。Aの負担部分は300円分ですから、Cは300円分については支払いを拒めるのです。

連帯債務はいわばチームなので、チームメイトが持っている債権の分だけ債務の履行を拒むことができます。

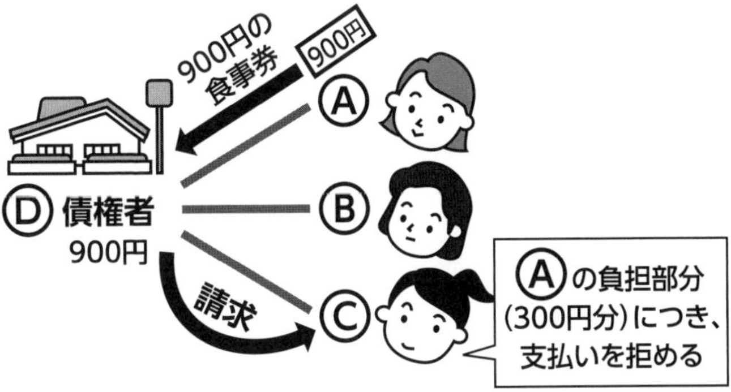

絶対効③　更改

更改とは、**契約そのものを変えてしまうこと**です。

試験対策としては、新しく契約を結び直すようなイメージで大丈夫です。

そもそも古い契約は消滅しますから、全体として連帯債務も消滅します。

実戦問題

ここまで、連帯債務を個別会計ＮＧのファミレスに置き換えて考えてきました。

でも、「本当にこんな考え方で問題が解けるのか?」と疑問に思われる方もいらっしゃるでしょう。

そこで、今まで見てきた知識を使って、過去に本試験で出題された問題にチャレンジしてみましょう。

前述の、平成 29 年の過去問（改正対応版）です。

> 平成 29 年　問 8
>
> A、B、Cの3人がDに対して 900 万円の連帯債務を負っている場合に関する次の記述のうち、民法の規定及び判例によれば、正しいものはどれか。なお、A、B、Cの負担部分は等しいものとする。

①DがAに対して履行の請求をした場合、B及びCについても、その効力が生じる。

②Aが、Dに対する債務と、Dに対して有する200万円の債権を対当額で相殺する旨の意思表示をDにした場合、B及びCのDに対する連帯債務も200万円が消滅する。

③Bのために時効が完成した場合、A及びCのDに対する連帯債務も時効によって全部消滅する。

④CがDに対して100万円を弁済した場合は、Cの負担部分の範囲内であるから、Cは、A及びBに対して求償することはできない。

【解答・解説】

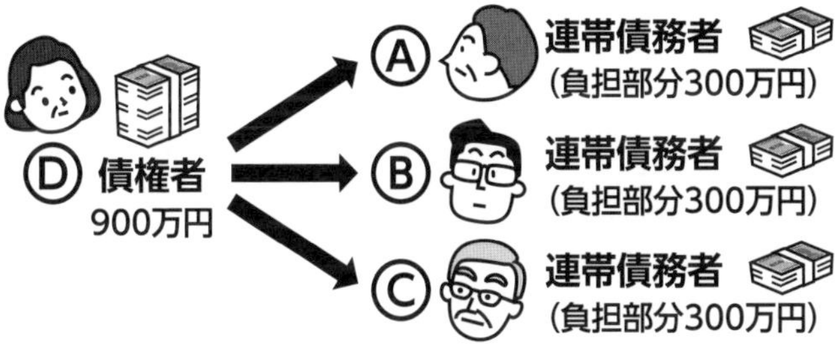

① ×　大改正

請求には絶対効がありません。したがって、DがAに対して請求をしても、B・Cにその効力は生じません。

② ○

相殺は絶対効があります。このことから、Aが相殺をした効果は他の連帯債務者にも影響し、連帯債務全体にその効果が及びます。

　ファミレスの例で言えば、**Aが食事券を使ったイメージ**ですね。その金額だけ、連帯債務全体の金額が下がります。

③　×　　大改正

　時効の完成は、絶対効がありません。したがって、Ｂの時効が完成したとしても、Ａ・Ｃの連帯債務にはなんら影響しません。

④　×

　Ｃは、支払った100万円のうち、Ａ・Ｂに３分の１ずつ求償することができます。

「負担部分300万円で、100万円しか払っていないのに?」と考える方が多いのですが、**負担部分とは、支出を負担すべき割合のこと**です。Ｃはチームを代表して100万円を払っているわけですから、その100万円をそれぞれ負担部分に応じて求償できるわけです。

　冷静に考えてみてください。この事案だと、**A・Bは1円も払っていない**のです。それなのに「Ｃが300万円払うまでは求償できない」というのは、不公平ですよね。

　あくまで連帯債務者はチームメイト、連帯して責任を負っているのです。

保証・連帯保証

保証って何?

たとえば、AがBからお金を借りるにあたって、あなたが保証人になったという事案を考えてみましょう。

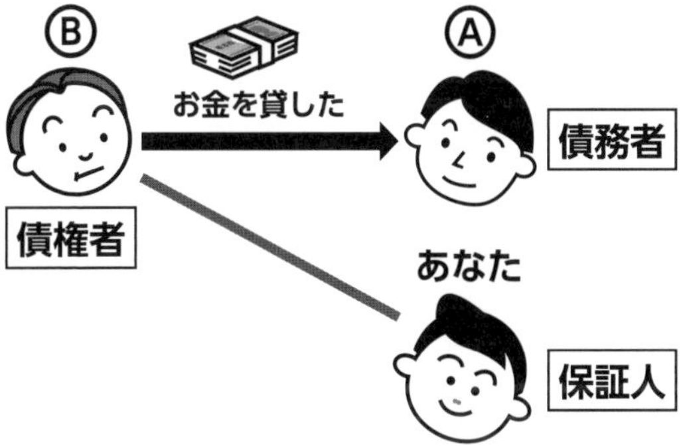

通常、保証人はAから頼まれてなることが多いですが、仮にAから**頼まれていなくても保証人となることはできます**。

また、保証人となるときは債権者Bと保証契約を結ぶことになるのですが、これは**書面または電磁的記録で締結しないと無効**となります。

保証人は、債務者が万が一お金を払わなかったときには、借金本体はもちろんのこと、**利息や損害賠償も払う義務を負います**。かなり重い責任を負うこととなるため、実生活においても注意しましょう。

もっとも、保証人はあくまでサブで、メインの債務者はお金を借りている債務者本人です。

そこで、仮に保証人が債務者の代わりにお金を払った場合には、主たる債務者に対して**全額の求償**ができます。そもそも**債務者が全額払うのがスジ**だからです。

あなたが代わりにお金を払ったら…

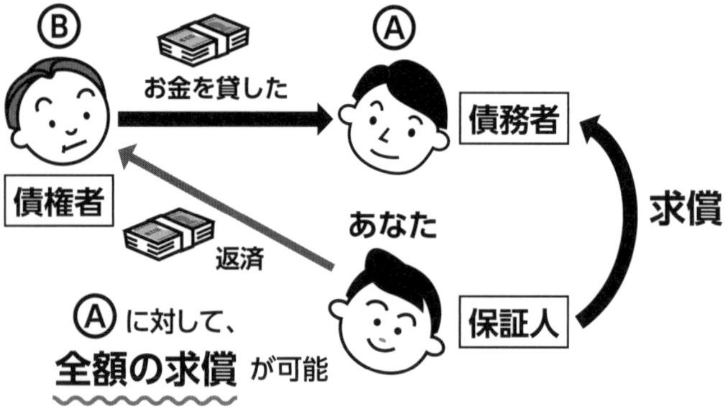

ポイント

- 委託されなくても保証人になれる
- 書面または電磁的記録で締結する必要がある
- 保証人は、利息や損害賠償も払う責任がある
- 保証人が弁済した場合、全額求償できる

保証の性質

メインの債務に起きたことは、基本的に保証債務にも影響します。

たとえば、債権者ＢがＡに対して裁判上の請求をして、時効の更新がなされた場合、あなたの保証契約の時効も更新されます。

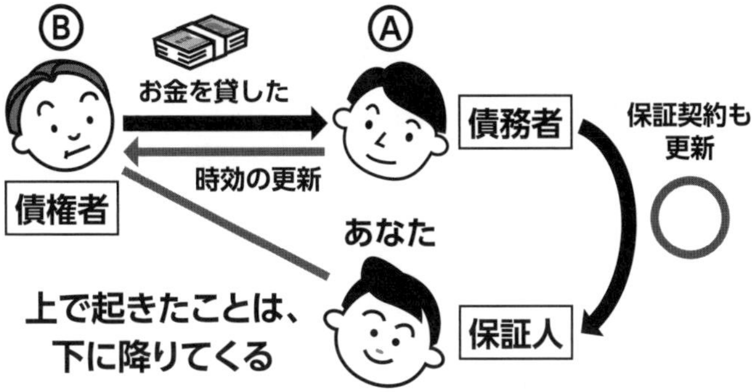

上が更新されれば下も更新されるのですが、これは上記のような図解にするとわかりやすいでしょう。

ただし、ひとつだけ上から下に降りないものがあります。それが、**メインの債務の金額が増額された場合**です。

後から主たる債務が増額されてしまうと、保証人としては「聞いてないよ～」という感じになりますよね。

これはさすがに保証人に酷なので、**増額の場合には保証債務には影響しません**。

逆に、**下で起きたことは上には上がりません**。

仮に、Ｂがあなたに裁判上の請求をしても、メインの債務の時効は更新されません。保証人はあくまでサブなので、保証人に対してアクションを起こしても意味がないのです。

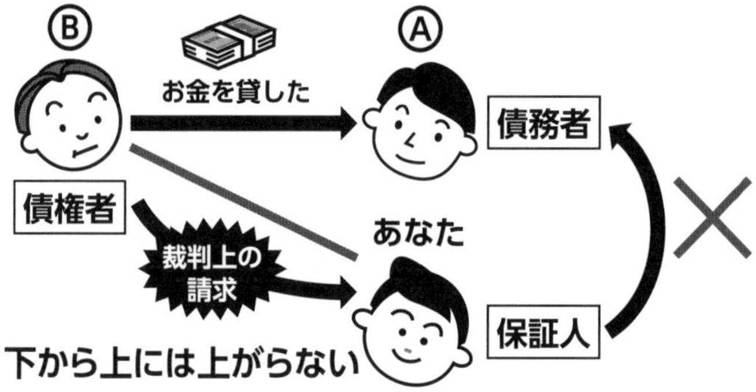

また、保証人はあくまでサブであることから、催告の抗弁権・検索の抗弁権という２つの権利が認められています。

2つの権利① 催告の抗弁権

債権者Ｂがいきなりあなたに支払いを請求してきた場合、あなたは「まずはＡに請求してくれ」と支払いを拒むことができます。これを**催告の抗弁権**といいます。

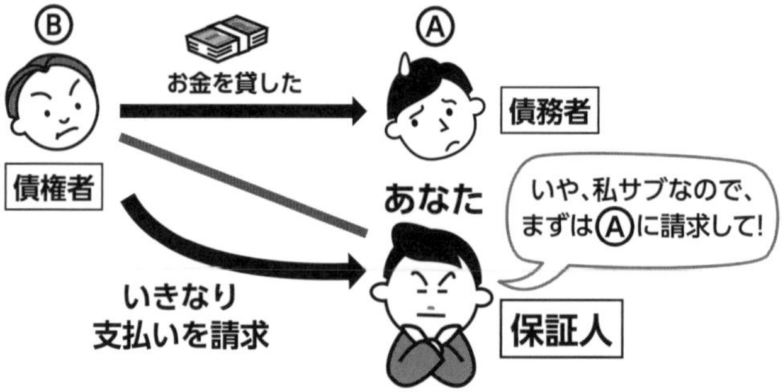

2つの権利② 検索の抗弁権

あなたは、催告の抗弁権を使い、債権者を追い払いました。ところが、また債権者Bがあなたに請求をしてきました。

　このとき、あなたは**検索の抗弁権**を行使して、再度債権者を追い返すことができます。

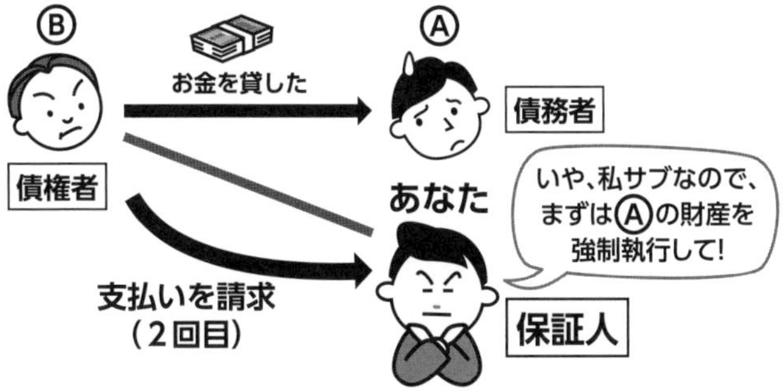

　保証人はあくまでサブです。

　そこであなたは、メインの債務者に資力があり、執行が容易であることを証明して、「まずはAから絞れるだけ絞りとって!」と支払いを再度拒むことができます。これが検索の抗弁権です。

　このように、**保証人には2段構えの防御策が用意されている**のです。

連帯保証

大改正

　保証契約の中で、さらに保証人の責任が重くなるケースがあります。それが**連帯保証**です。

「連帯」という言葉がつくので、「連帯債務」とごっちゃになってしまう方が多い項目です。

しかし、**連帯保証はあくまで保証の一類型**です。基本的には、通常の保証と違いはありません。

たとえば、**連帯保証人が全額弁済した場合には、メインの債務者に対して全額の求償ができます**。連帯という言葉に惑わされないようにしましょう。

試験対策としては、**連帯保証が通常の保証と違うところ3つ**を押さえれば完璧です。

連帯保証の特徴（通常の保証と違うところ）

① 補充性がない
② 混同・相殺・更改だけ下から上に上がる
③ 分別の利益がない

① 補充性がない

連帯保証人には、催告の抗弁権・検索の抗弁権がありません。つまり、２段構えの防御を発動できないのです。

これは、**請求されたら支払いをしなければならない**ことを意味します。「私はサブなので……」と債権者を追い返すことはできないのです。

② 混同・相殺・更改だけ下から上に上がる　大改正

すでに見てきたように、通常の保証は、保証人に起きた出来事はメインの債務には影響しません。**下から上には上がらない**ということです。

もっとも、連帯保証の場合には、混同・相殺・更改だけ。メインの債務に影響します。

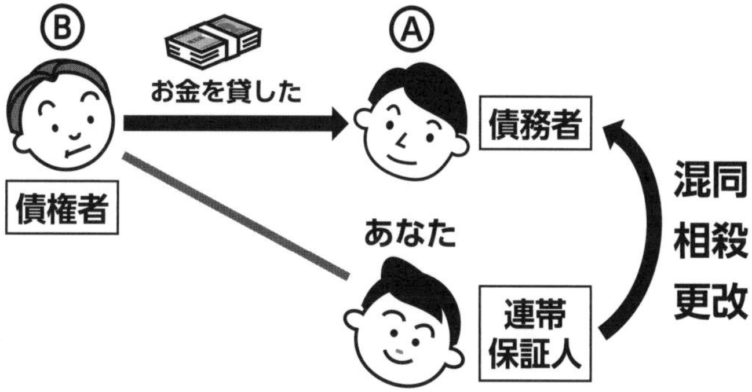

この３つの事由ですが、実は**連帯債務の絶対効と同じ**です（72 ページ参照）。したがって、まとめて覚えてしまったほうが効率がいいでしょう。

③ 分別の利益がない

通常の保証の場合、**保証人が増えれば増えるほど、1人あたりの負担は減っていきます**。これを**分別の利益**といいます。学問上の呼び方なので、言葉を覚える必要はありません。

通常の保証の場合

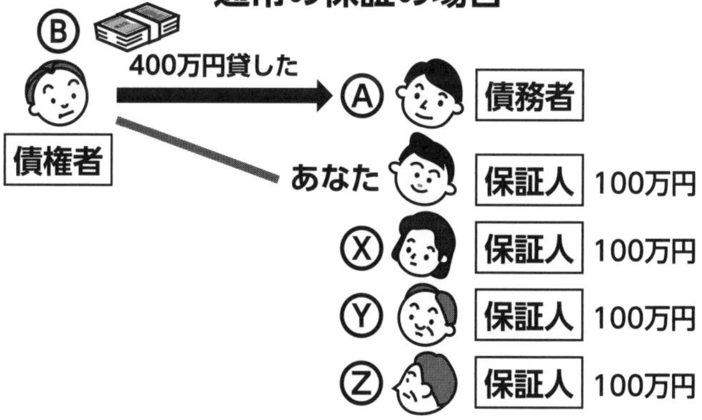

しかし、連帯保証人の場合、たとえ何人連帯保証人がいたとしても、1人あたりの負担は減りません。全員が、全額の責任を負い続けます。

連帯保証の場合

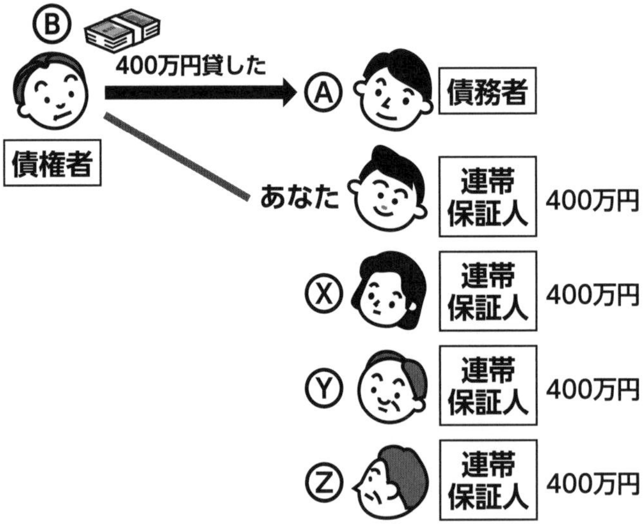

もちろん、債権者が400万円×4もらえるわけではありません。**Bが持っているのは400万円の債権だけ**ですから。

2章

平井式5W1H別・ひっかけ問題集

平井式 5W1H 別にひっかかりやすい問題をつくりました。
この章は左ページに○×問題、右ページで各問題の解説をしています。
まず左ページの○×問題を解いてから、右ページの解説を読むようにしてください。
右ページを紙などで隠して解くと効果的ですよ。

「誰が」「誰に」ひっかけ

権利関係

民法

問001 代理人の意思表示の効力が意思の不存在、詐欺、強迫又はある事情を知っていたこともしくは知らなかったことにつき過失があったことによって影響を受けるべき場合には、その事実の有無は本人について決する。

答え

問002 AがB所有の建物の売却についてBから代理権を授与されている場合、Aが、Bの名を示さずCと売買契約を締結した場合には、Cが売主はBであることを知っていても、売買契約はAC間で成立する。

答え

問003 AがBに対して有する貸金債権をCに譲渡した場合、CがBに対して通知をしたときには、Cは当該債権譲渡をBに対して対抗することができる。

答え

解説

問001　答え　×

本人ではなく、実際に現場で動いている**代理人**を基準に判断します。例えば、代理人が騙されているのであれば、たとえ本人が騙されていなくても、詐欺があったものと考えます。

問002　答え　×

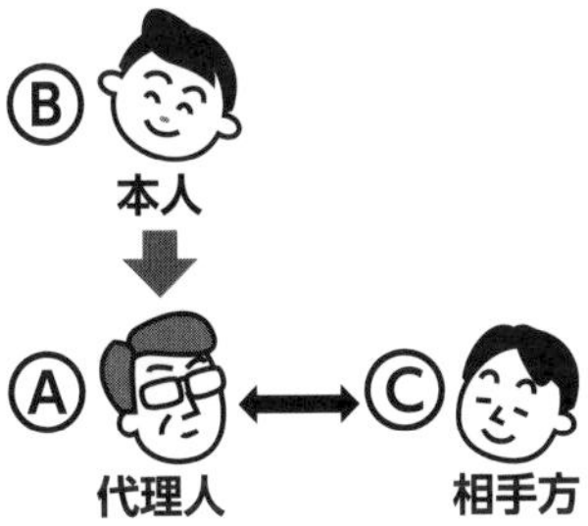

ＡＣ間ではなく、**BC間で契約が成立**します。

代理人Ａが、「私は代理人です」と言い忘れてしまったケースです。この場合、相手方Ｃが「この人は代理人だな」と知っていた場合には、本人Ｂと相手方Ｃとの間で契約が成立します。

問003　答え　×

Ｃからの通知ではなく、**Aからの通知が必要**です。

債務者の立場で考えてみてください。あなたがＡさんからお金を借りている状態で、Ｃさんから「債権が譲渡されたので、私に払ってください」と言われたら、「詐欺だ!」と思いますよね。ですから、債権の譲受人からではなく、譲渡人、つまり前の債権者からの通知が要求されるのです。

問 004 Bが、所有の意思をもって、平穏・公然・善意・無過失でA所有の甲土地を7年間占有しており、引き続き3年間Cに賃貸していた場合、Cは甲土地の取得時効を主張できない。

答え

問 005 AがBに対し弁済期にある貸金債権を有しており、BはAに対して身体の侵害による損害賠償債権を有している場合、Bは相殺の援用をすることができる。

答え

問 006 AがBに対し建物を賃貸しており、賃借人Bは、通常の使用及び収益によって生じた賃借物の損耗がある場合、賃貸借が終了したときは、その損傷を原状に復する義務を負う。

答え

問 007 Aが自己所有の甲建物をBに賃貸し、引渡しを済ませ、敷金 50 万円を受領している場合、Aが甲建物をCに譲渡し、所有権移転登記を経たときには、敷金が存在する限度においても、敷金返還債務はAからCに承継されない。

答え

解説

問004　答え　○

この場合、**Bは甲土地の取得時効を主張できます**。

もっとも、Cはこの土地を借りて使っているだけ。そのため、Cがこの土地を時効によって取得することはできません。

問005　答え　○

悪意による不法行為に基づく損害賠償の債務や、人の生命または身体の侵害による損害賠償の**債務の債務者から相殺をすることはできません**。逆に言えば、これらの債務の**債権者からの相殺はできる**ということです。

本問の場合、Aから相殺をすることはできませんが、Bから相殺することはできるのです。

問006　答え　×

通常損耗を負担するのは、賃貸人Aです。通常の使用については、借主は負担しなくてよいのが民法上の原則です。

問007　答え　×

大家さんが変わったケースです。この場合、敷金は**新しい大家さんに引き継がれます**。

敷金は、賃貸借契約が終了した後に精算をして、余っていれば返ってくるお金です。新しい大家さんに引き継がれていないと精算ができないため、承継される扱いとなっています。

問 008 Aが自己所有の甲建物をBに賃貸し、引渡しを済ませ、敷金 20 万円を受領している場合、BがAの承諾を得て賃借権をDに移転するとき、賃借権の移転合意だけでは、敷金返還請求権（敷金が存在する限度に限る）はBからDに承継されない。

答え

問 009 Aには配偶者B、Bとの子C及びDがおり、Dには配偶者E、Eとの子Fがいる。Dが、Aに対して虐待をしていたため、AはDを廃除していた。この状態でAが死亡した場合、Aの相続人となるのは、B・Cである。

答え

問 010 Aには配偶者B、Bとの子C及びDがおり、Dには配偶者E、Eとの子Fがいたところ、Dは令和2年4月 21 日に死亡した。Aが令和2年 10 月 21 日に死亡した場合において、Aが生前、「A所有の全財産についてDに相続させる」旨の遺言をしていたとき、特段の事情がない限り、Fが代襲相続により、Aの全財産について相続する。

答え

解説

問008　答え　○

借主が変わったケースでは、敷金は新しい借主に承継されません。新しい借主がちゃんと自分で敷金を入れないといけないということですね。

問009　答え　×

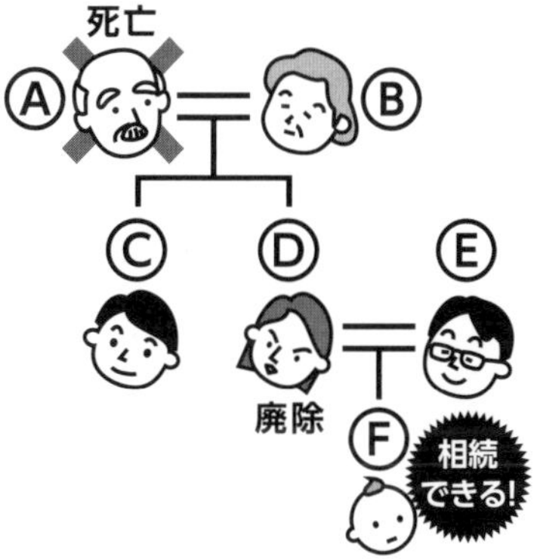

廃除がなされた場合にも、代襲相続が発生します。したがって、Dの下の世代であるFが、Dの代わりに相続することとなります。これにより、Aの相続人となるのは、**B・C・F**です。

問010　答え　×

死んだ人への遺贈は基本的に無効です。

本問の場合、遺言者Aが死亡したのが10月21日、Dが死亡したのは4月21日です。言い換えれば、Aが死亡した時点で、Dはもうこの世にいません。この世にいない人への遺贈なんて不可能なので、基本的にこの遺贈は効力を生じません。無効な以上、代襲相続ということもありえないため、Fが自動的に全財産を相続するという点が誤りです。

問011 Aは未婚で子供がなく、父親Bと母親Cはすでに死亡している。AにはBとCの実子である弟Dがいる。Aがすべての財産を第三者Gに遺贈する旨の遺言を残して死亡した場合、DはGに対して遺留分侵害額に相当する金銭の支払を請求することはできない。

答え

問012 A社に雇用されているBが勤務中にA社所有の乗用車を運転していたところ、C社に雇用されているDが勤務中に運転するC社所有の乗用車と交通事故を起こし、歩いていたEに危害を加えた。A社・C社のいずれにも使用者責任が成立する場合において、A社がEに対して損害を賠償した場合、B・C社・Dいずれにも求償することができる。

答え

問013 Aが自己所有の建物をBに賃貸していた場合、その建物の塀に瑕疵があり、その瑕疵により塀が倒壊し通行人Cがケガをしたときは、まずAが被害者であるCに対してその損害を賠償する責任を負うが、Aが損害の発生を防止するのに必要な注意をしたときは、実際に建物を使っていたBがその損害を賠償しなければならない。

答え

解説

問011　答え　○

兄弟姉妹は遺留分を有しません。

したがって、弟Gは遺留分侵害額に相当する金銭の支払を請求することはできません。

問012　答え　○

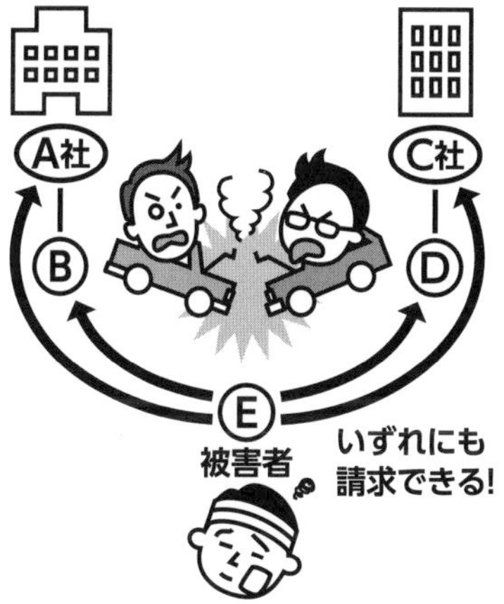

A社が損害賠償をした場合には、従業員であるBだけでなく、C社やその従業員Dに対しても求償することができます。

もちろん、求償額は信義則上相当な限度に限られますが、できるできないで言えば、**全員に求償することができる**のです。

問013　答え　×

順番が逆です。まず占有者であるBが責任を負いますが、必要な注意をしていたときには責任を免れます。

この場合には、所有者であるAが責任を負うこととなります。

借地借家法

問 014 借地権者が賃借権の目的である土地の上の建物を第三者に譲渡しようとする場合において、その第三者が賃借権を取得しても借地権設定者に不利となるおそれがないにもかかわらず、借地権設定者がその賃借権の譲渡を承諾しないときは、裁判所は、その第三者の申立てにより、借地権設定者の承諾に代わる許可を与えることができる。

答え

問 015 第三者が賃借権の目的である土地の上の建物を取得した場合において、借地権設定者が賃借権の譲渡又は転貸を承諾しないときは、借地権者は、借地権設定者に対し、建物を時価で買い取るべきことを請求することができる。

答え

問 016 AとBとの間で、A所有の甲土地につき建物所有目的で賃貸借契約を締結した場合、Bの配偶者であるC名義で保存登記をした建物を甲土地上に所有していれば、Bは第三者に対して借地権を対抗することができる。

答え

解説

問014　答え　×

裁判所に申し立てるのは第三者ではなく、借地権者です。第三者は、この家を譲り受けようとしているにすぎません。まだ所有権を持っているわけではないため、赤の他人なのです。

まだ建物を譲渡していない以上、この建物の所有者は引き続き借地権者です。ですから、裁判所に申し立てることができるのは、第三者ではなく借地権者なのです。

問015　答え　×

買取請求ができるのは、借地権者ではなく第三者です。

問題文の冒頭に、「第三者が賃借権の目的である土地の上の建物を取得した」とあります。ここから、建物の所有者が誰かを読み取ってください。すでに、建物の所有権は借地権者から第三者に移っていますよね。そこで、「私の建物を買い取って」と言えるのは、当然所有者である第三者となります。

問016　答え　×

借地権者本人名義で登記をしなければなりません。本問のケースでは、C名義ではなく、B本人名義で登記をする必要があります。

区分所有法

問017 管理者は、区分所有者でなければならない。

答え

問018 管理者がいる場合、集会においては、規約に別段の定めがある場合及び別段の決議をした場合を除いて、管理者が議長となる。

答え

問019 区分所有者の承諾を得て専有部分を占有する者は、会議の目的たる事項につき利害関係を有する場合には、集会に出席して議決権を行使することができる。

答え

解説

問017　答え　×

管理者は、そのマンションの住人以外がなることもできます。実際に、マンションの管理会社が管理者となっている事例も存在します。

問018　答え　○

原則として**管理者が議長**となります。むしろ、「管理者以外の誰が議長をやるんだ」という話です。

問019　答え　×

この場合、占有者は集会に出席して意見を述べることはできますが、**議決権を行使することはできません。**

たとえば、ペット可の分譲マンションの1室を所有しているAさんが、Bさんにこの部屋を賃貸していたとしましょう。Bさんはこの部屋でネコを飼っています。

この状態で、「ペット不可」に規約を変更しようとするときには、Bさんは集会に出席して涙ながらに意見を述べることはできます。

しかし、議決権、つまり票を持っているのはあくまでこの部屋の所有者であるAさんです。なので、Bさんは投票をすることはできないのです。

法令上の制限

都市計画法

問 020 地区計画の区域のうち地区整備計画が定められている区域内において、建築物の建築等の行為を行おうとする者は、原則として、当該行為に着手する日の 30 日前までに、行為の種類、場所等を都道府県知事に届け出なければならない。

答え

問 021 町村は、都市計画を決定しようとするときは、あらかじめ都道府県知事に協議をし、その同意を得なければならないが、市は協議をする必要はあるが、同意を得る必要はない。

答え

問 022 市町村が定めた都市計画が、都道府県が定めた都市計画と抵触するときは、その限りにおいて、市町村が定めた都市計画が優先する。

答え

問 023 都市計画施設の区域または市街地開発事業の施行区域において建築物の建築をしようとする者は、一定の場合を除き、市町村長の許可を受けなければならない。

答え

解説

問020　答え　×

都道府県知事に対してではなく、**市町村長に届出**をします。

地区計画とは、地域密着型のコンパクトな再開発のことです。そのため知事ではなく、より地域に根ざした市町村長に対して届け出ることになっています。

問021　答え　○

あくまで条文上の話ではありますが、市は知事と協議をしておけば、仮に同意を得られなくても都市計画を決めていいことになっています。

	協議	同意
市	必要	**不要**
町・村	必要	必要

問022　答え　×

この場合、**都道府県が定めた都市計画が優先**します。都道府県のほうが、より広域的な視点に立っているからです。

問023　答え　×

市町村長ではなく、**都道府県知事の許可**です。

都市計画法は出題のほとんどが「知事の許可」となっています。惑わされないようにしましょう。

問 024 2以上の都道府県にまたがる開発行為を行おうとする場合、国土交通大臣の許可を受けなければならない。

答え

問 025 開発許可を受けた開発行為により公共施設が設置された場合、他の法律に基づく管理者が別にあるとき又は協議により管理者について別段の定めをしたときを除き、その公共施設の存する都道府県が管理することとされている。

答え

国土利用計画法

問 026 国土利用計画法第 23 条の届出（事後届出）は、市町村長に届け出ることとされている。

答え

問 027 市街化区域においてAが所有する面積 3,000㎡の土地について、B が購入した場合、A 及び B は事後届出を行わなければならない。

答え

解説

問024　答え　×

開発許可は、都道府県知事が出します。県をまたいだとしても、結論は変わりません。

問025　答え　×

公共施設は、原則**市町村が管理**します。

ちなみに、「他の法律に基づく管理者が別にあるとき」とは、たとえば道路法という法律には「国道は国が管理する」という規定がありますが、このときには市町村ではなく国が管理するという意味です。

問026　答え　×

事後届出は、市町村長を経由して、**都道府県知事に届け出る**こととされています。

問027　答え　×

事後届出をするのは、権利取得者です。土地を新しく手に入れた人が届出をするということです。したがって、Bが届出をすることとなります。Aは届出をする必要はありません。

土地区画整理法

問028 土地区画整理組合の設立の認可の公告があった日後、換地処分の公告がある日までは、施行地区内において、土地区画整理事業の施行の障害となるおそれがある土地の形質の変更を行おうとする者は、土地区画整理組合の許可を受けなければならない。

答え

問029 施行者が国土交通大臣のときは、換地計画について都道府県知事の認可を受ける必要はない。

答え

問030 個人施行者は、換地計画において、保留地を定めようとする場合においては、土地区画整理審議会の同意を得なければならない。

答え

問031 仮換地の指定を受けた場合、その処分により使用し、又は収益することができる者のなくなった従前の宅地は、当該処分により当該宅地を使用し、又は収益することができる者のなくなった時から、換地処分の公告がある日までは、市町村が管理するものとされている。

答え

解説

問028　答え　×

土地区画整理組合の許可ではなく、**都道府県知事の許可**です。土地区画整理組合はあくまで民間の団体です。ちゃんと行政の許可をとらなくてはなりません。

問029　答え　○

換地計画について都道府県知事の認可を受けなければならないのは、施行者が都道府県・国土交通大臣以外のときです。

したがって、**国土交通大臣が施行者のときは、知事の認可を受ける必要はありません**。

問030　答え　×

土地区画整理審議会は、都道府県や市町村など、**公的施行のときにのみ設置**されます。

問031　答え　×

市町村ではなく、**施行者が管理**します。

仮換地の場面というのは、全体としてはまだ工事が終わっていない状態ということです。そのため、現場を統括している施行者が管理したほうが都合がいいのです。

問032 土地区画整理事業の施行により公共施設が設置された場合においては、その公共施設は、換地処分があった旨の公告があった日の翌日において、原則として施行者の管理に属することになる。

答え

宅建業法

問033 社会福祉法人が、高齢者の居住の安定確保に関する法律に規定するサービス付き高齢者向け住宅の貸借の媒介を反復継続して営む場合は、宅地建物取引業の免許を必要としない。

答え

問034 日本国憲法 20 条が信教の自由を保障していることから、宗教法人法に基づく宗教法人が、住宅の貸借の媒介を反復継続して営む場合、免許を受ける必要はない。

答え

問035 宅地建物取引業を営もうとする者は、株式会社の監査等に関する商法の特例に関する法律に規定する大会社の場合においては、国土交通大臣の免許を受けなければならない。

答え

解説

問032　答え　×

施行者ではなく、**市町村が管理するのが原則**です。

こちらは問31と異なり、もう工事が終了しています。新しく設置された公共施設（例：道路）は、原則市町村の管理に属します。

問033　答え　×

社会福祉法人であっても、**宅建業を営む場合には免許が必要**です。

問034　答え　×

宗教法人であっても、**宅建業を営む場合には免許が必要**です。

問035　答え　×

すべての事務所がひとつの都道府県内にある場合には、知事免許となりますし、**複数の都道府県に事務所があるなら大臣免許**となります。大企業だから大臣免許、となるわけではありません。

問 036 信託業法第3条の免許を受けた信託会社から依頼を受けて、宅地の売却の媒介を業として営む者は、免許を必要としない。

答え

問 037 法人である宅地建物取引業者A（甲県知事免許）がB社に合併され消滅した場合、B社の代表役員は、その日から30日以内に、その旨を甲県知事に届け出なければならない。

答え

問 038 宅地建物取引業に係る営業に関し成年者と同一の行為能力を有しない未成年者は、資格試験に合格をし、実務経験が2年以上ある場合であっても、宅地建物取引士になることができない。

答え

解説

問036　答え　×

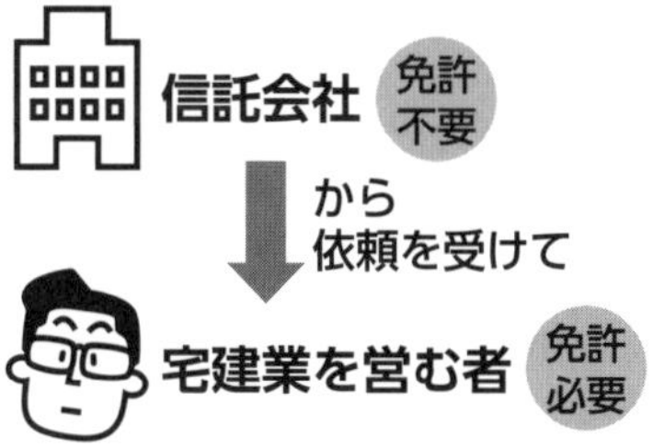

信託会社は免許不要ですが、**信託会社から依頼を受けて宅建業を営む者は免許をとらなければなりません。**

「誰」について問われているのかを正確に読み取っていきましょう。

問037　答え　×

宅建業者が吸収合併されたケースです。この場合、飲み込んだ側の代表役員ではなく、**飲み込まれた側の代表役員であった者が届け出ます**。本問では、A社の代表役員であった者が届出をすることになるわけです。

問038　答え　○

成年者と同一の行為能力を有しない未成年者は、宅建士登録の欠格事由に該当します。つまり、宅建士にはなれません。

なお、成年者と同一の行為能力を有する未成年者であれば、宅建士になれます。では、どうすれば行為能力を有する未成年者になれるかというと、親に「同意書」を書いてもらうだけで、「有する未成年者」になれます。もしくは、婚姻をすれば大人扱いなので、その場合も登録ができます。

問 039 宅地建物取引士資格試験に合格した者で、宅地建物の取引に関し2年以上の実務経験を有するもの、または都道府県知事がその実務経験を有するものと同等以上の能力を有すると認めた者は、法第 18 条第1項の登録を受けることができる。

答え

問 040 乙県知事から宅地建物取引士証の交付を受けている宅地建物取引士が、宅地建物取引士証の有効期間の更新を受けようとするときは、乙県知事に申請し、その申請前6月以内に行われる国土交通大臣の指定する講習を受講しなければならない。

答え

問 041 甲県知事の宅地建物取引士資格登録を受けているAについて破産手続開始の決定があった場合、その日から 30 日以内に、破産管財人は甲県知事にその旨の届出をしなければならない。

答え

解説

問039 答え ×

都道府県知事ではなく、**国土交通大臣が実務経験を有するものと同等以上の能力を有すると認めた者**です。登録実務講習は大臣の講習です。

問040 答え ×

宅建士証を受け取るときに受講する**法定講習は、都道府県知事の講習**です。登録実務講習・法定講習はしっかり区別しておきましょう。

問041 答え ×

破産管財人ではなく、**本人が届出**をします。

これと比較していただきたいのが、宅建業者が破産したときには、破産管財人が届出をするという点です。

事由	届出義務者
宅建業者が破産	**破産管財人**
宅建士が破産	**宅建士本人**

たとえば、私が個人事業主として宅建業の免許を取得したとしましょう。当然専任の宅建士になれますので、自分が専任の宅建士として仕事をしていました。この状態で私が破産した場合、宅建業者としての届出は破産管財人がやってくれます。ただし、国家資格としての宅建士の届出はやってくれないため、こちらは自分でやらなければなりません。

問 042 甲県知事の登録を受けている宅地建物取引士Bは、乙県内に本店がある宅地建物取引業者A社（国土交通大臣免許）に勤務している。Bが丙県知事から事務の禁止の処分を受けた場合、速やかに、宅地建物取引士証を国土交通大臣に提出しなければならない。

答え

問 043 宅地建物取引業者Aは、宅地建物取引業の規定に基づき営業保証金を供託して営業している。Aとの取引により生じた内装工事業者の工事代金債権について、当該内装工事業者は、Aが供託している営業保証金から、その弁済を受ける権利を有する。

答え

問 044 宅地建物取引業者は、新たに保証協会に社員として加入したときは、ただちに、その旨を当該宅地建物取引業者が免許を受けた国土交通大臣又は都道府県知事に報告しなければならない。

答え

問 045 宅地の売買の媒介を行う場合、法第 35 条に規定する重要事項について、売主及び買主に対して、書面を交付して説明しなければならない。

答え

解説

問042　答え　×

事務禁止処分を受けた宅建士は、**宅建士証をその交付を受けた都道府県知事に提出**しなければなりません。

本問の場合、Bさんは甲県知事の登録を受けていることから、宅建士証は甲県知事から交付を受けていることがわかります。したがって、甲県知事に提出することとなります。

問043　答え　×

営業保証金の還付を受けられるのは、**宅建業に関する取引により生じた債権を有する者（宅建業者を除く）**です。

家を買ったり、不動産の仲介をしてもらったお客さんということですね。したがって、工事業者は還付を受けることはできません。

問044　答え　×

宅建業者ではなく、**保証協会が報告**をします。
「うちにこんな業者が入ったよ」と、保証協会が報告することになっています。

問045　答え　×

重説は買うかどうかの最終確認であるため、**買主に対して**行います。売主に対しては不要です。

問 046 宅地建物取引業者A社（甲県知事免許）がマンション（700 戸）を分譲するにあたり、宅地建物取引業者B社にマンションの販売代理を一括して依頼する場合、B社が設置する案内所について、A社は法 50 条第2項の規定に基づく届出を行わなければならない。

答え

問 047 建物の売買において、売主及び買主が宅地建物取引業者である場合、売主は買主に対し、法第 35 条の2に規定する供託所等の説明をする必要がある。

答え

問 048 宅地建物取引業者AがBから自己所有の宅地の売買の媒介を依頼され、Bとの間で専任媒介契約を締結した場合、Aは、宅地建物取引士に法第 34 条の2第1項の規定に基づき交付すべき書面に、当該宅地建物取引士をして記名押印させなければならない。

答え

問 049 宅地建物取引業者Cが宅地の売却の媒介を行う場合、当該宅地を購入しようとする者が宅地建物取引業者であるときは、宅地建物取引業者Cは、売買契約が成立するまでの間に重要事項を記載した書面の内容を宅地建物取引士に説明させなければならないが、その書面を交付する必要はない。

答え

解説

問046　答え　×

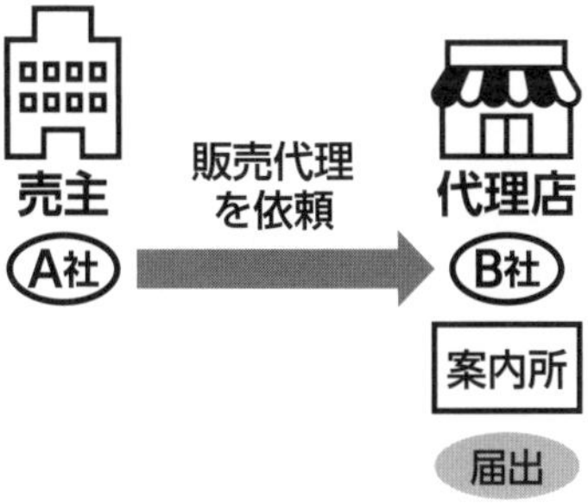

案内所の届出（50条2項の届出）は、案内所を設置する宅建業者が行います。問題文に、「B社が設置する案内所」とあるため、この案内所を設置するB社が50条2項の届出を行います。

問047　答え　×

宅建業者同士の取引の場合、供託所等に関する説明をする必要はありません。

問048　答え　×

媒介契約書に**記名・押印するのは宅建業者**です。宅建士の記名・押印の必要はありません。宅建士の印鑑ではなく、会社の印鑑を押すということです。

問049　答え　×

重要事項説明の**相手方が宅建業者であるときには、重要事項説明を省略できます**。ただし、**書面の交付を省略することはできません。**

問 050 法第37条の規定に基づく契約の内容を記載した書面に記名押印する宅建士は、法第35条の規定に基づく重要事項を記載した書面に記名押印した宅地建物取引士と同じ者でなければならない。

答え

問 051 宅地建物取引業者Aが、自ら売主として宅地建物取引業者である買主Bとの間で建築工事完了前の建物（代金5000万円）の売買契約を締結した場合、法第41条に規定する手付金等の保全措置を講じることなく、当該建物の引渡前に2000万円を手付金として受領することができる。

答え

解説

問050　答え　×

35条書面と37条書面に記名押印する宅建士は、**別人でも問題ありません**。

もちろん、宅建士であれば、です。

問051　答え　○

自ら売主となる場合の８種類の制限は、**買主が宅建業者のときには適用されません**。

本問の場合、買主が宅建業者であるため、手付金等の保全措置の規定や手付金の額の制限に関する規定は適用されません。

「買主が宅建業者」ひっかけは毎年出題されていますので、注意深く問題文を読み解いていきましょう。

「なにを」ひっかけ

権利関係

民法

問052 Aが、A所有の甲土地にBから借り入れた3000万円の担保として抵当権を設定した場合、甲土地上の建物が火災によって焼失してしまったが、当該建物に火災保険が付されていた場合、Bは、甲土地の抵当権に基づき、この火災保険契約に基づく損害保険金を請求することができる。

答え

問053 Bが敷地賃借権付建物をAから購入したところ、敷地の欠陥により擁壁に亀裂が生じて建物に危険が生じた場合、Bは、Aに対し建物売主の契約不適合責任を追及することができる。

答え

解説

問052　答え　×

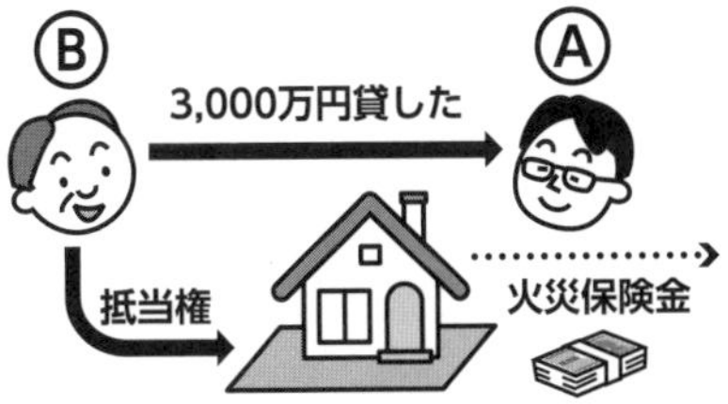

土地と建物は別物です！ 本問では、**「甲土地に抵当権を設定」**とあります。**この状態で、建物の火災保険金に対して物上代位をすることはできません。**

建物に抵当権を設定していればよかったのですが、Ｂはあくまで土地に抵当権を設定しただけで、建物についてはなんら権利を持っていないため、火災保険には手を出せません。

問053　答え　×

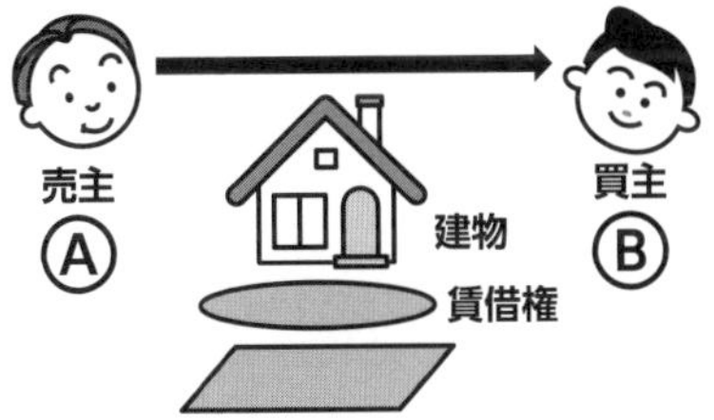

Bが何を購入したのかに着目して考えます。Ｂは Ａから「敷地賃借権付建物」を購入しています。**土地は購入していません**から、土地に問題があっても、売買の目的物である建物と賃借権に問題がなければ、売主に対して責任追及することはできません。自分が買っていない物にクレームはつけられないのです（最判平成３年４月２日）。

なおこの場合でも、Ｂは土地の貸主に対して、賃貸借契約に基づいて責任追及ができます。

問 054 AB間で、Aを貸主、Bを借主として、A所有の甲建物につき賃貸借契約を締結した場合、Bが甲建物のAの負担に属する必要費を支出したときは、Aに対し直ちにその償還を請求することができる。

答え

問 055 AB間で、Aを貸主、Bを借主として、A所有の甲建物につき賃貸借契約を締結した場合、Bが甲建物について有益費を支出したときは、Aに対し直ちにその償還を請求することができる。

答え

問 056 AがBに甲建物を賃貸し、BがAの承諾を得て甲建物をCに適法に転貸している場合、AがBとの間で甲建物の賃貸借契約を合意解除したとき、AはCに対して、Bとの合意解除に基づいて、当然に甲建物の明渡しを求めることができる。

答え

解説

問054　答え　○

必要費は、直ちに請求することができます。

本来、必要費は大家さんが負担するべきものなので、借主が支出したときには、すぐに償還請求することができます。

問055　答え　×

有益費は、賃貸借終了時に償還することとなっています。

たとえば、キッチンをシステムキッチンにグレードアップした場合の費用が有益費です。これは、契約終了時、つまり引っ越すときに償還手続きをすることとなります。

問056　答え　×

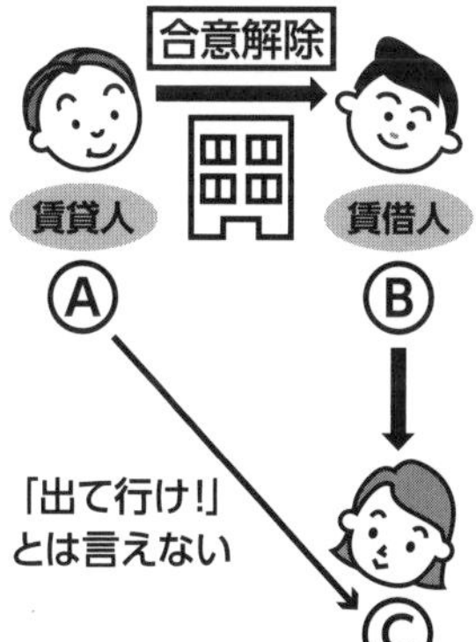

合意解除では、転借人を追い出すことはできません。

転貸がなされているので、今現在この建物を使っているのはCです。それなのに、**ABの2人だけで話を進めてはいけません**。ちゃんとCのことを考えてあげないといけないのです。

問 057 AがBに甲建物を賃貸し、BがAの承諾を得て甲建物をCに適法に転貸している場合、AがBの債務不履行を理由に甲建物の賃貸借契約を解除した場合、AはCに対して、甲建物の明渡しを求めることができない。

答え

問 058 Aが死亡し、相続人であるDとEにおいて、Aの唯一の資産である不動産をDが相続する旨の遺産分割協議が成立した場合、相続債務につき特に定めがなくても、Aが負う借入金返済債務のすべてをDが相続することになる。

答え

解説

問057 答え ×

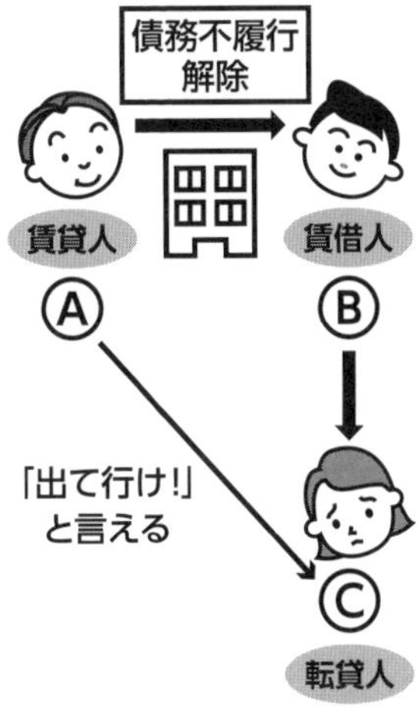

債務不履行解除の場合には、転借人を追い出すことができます。

問題文の「Bの債務不履行」とは、Bが家賃を払っていないことを意味します。

もはや大本であるＡＢ間の信頼関係が崩壊しているため、Cはかわいそうですが、出て行かなくてはならないのです。

問058 答え ×

相続財産は大きく分けて２種類あります。**プラスの資産とマイナスの資産**です。

ＤＥは遺産分割協議によって、プラスの財産である不動産をDが相続することとしました。ですが、**マイナスの資産についての結論は出ていません**。したがって、債務もすべてDが相続するとは言い切れません。

「何についての話し合いなのか」を読み取りましょう。

借地借家法

問 059 Aが居住用の甲建物を所有する目的で、期間30年と定めてBから乙土地を賃借した場合、Aが地代を支払わなかったことを理由としてBが乙土地の賃貸借契約を解除した場合、Aは、Bに対し、建物を時価で買い取るべきことを請求することができる。

答え

問 060 Aから甲建物を賃借しているBが甲建物をCに転貸しようとする場合において、Cが転借をしてもAに不利となるおそれがないにもかかわらず、Aが転貸を承諾しないときは、裁判所は、Bの申立てにより、Aの承諾に代わる許可を与えることができる。

答え

解説

問059　答え　×

債務不履行解除の場合、建物買取請求は認められません。

建物買取請求は、借地権の存続期間が満了した場合において、契約の更新がないときに認められるものです。
そもそも地代を払っていないのに「建物買い取れ」なんてムシが良すぎますから。

問060　答え　×

借地と異なり、**借家の場合、裁判所に泣きつく制度はありません**。

たしかに借地だと、地主が承諾をしてくれないときには裁判所に泣きついていいというルールがあるのですが、本問で**問題となっているのは建物**です。したがって、裁判所に泣きつくことは認められていません。

問061 事業用定期借地権が設定された借地上にある建物につき賃貸借契約を締結する場合、当該契約は公正証書によってしなければならない。

答え

解説

問061　答え　×

問題となっているのがどの契約なのかを正確に読み取りましょう。

本問で問われているのは、「事業用定期借地権が設定された借地上にある建物」の賃貸借契約です。たしかに、事業用定期借地権自体は、公正証書でやらなくてはいけません。しかし、建物の賃貸借契約は、基本的に口頭でも成立します。

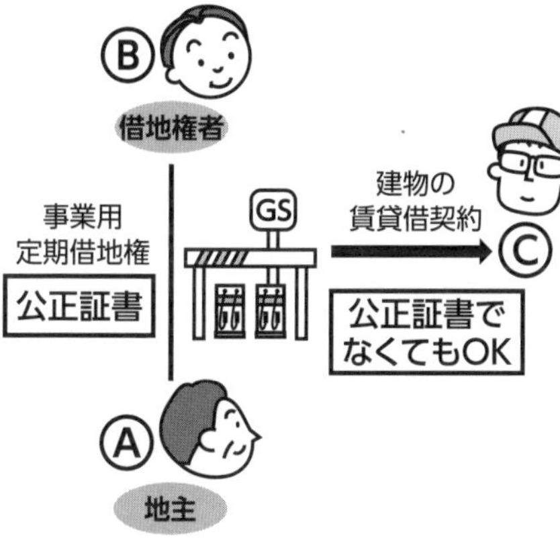

たとえば、Ａの土地についてＢが事業用定期借地権を設定する場合、公正証書によってしなければなりません。

もっとも、その土地上にある建物（例：ガソリンスタンドやコンビニなど）を賃貸する場合、普通の建物の賃貸借契約なので、公正証書で行う必要はありません。ＡＢ間の契約は公正証書が必要だけれど、ＢＣ間の契約は公正証書不要ということです。

法令上の制限

都市計画法

問 062 市街化調整区域において、図書館法に規定する図書館の建築の用に供する目的で 3000㎡の開発行為を行う場合、都市計画法による開発許可を受ける必要がある。

答え

問 063 市街化調整区域において、野球場の建設を目的とした 8000㎡の土地の区画形質の変更を行おうとする者は、あらかじめ、都道府県知事の許可を受けなければならない。

答え

建築基準法

問 064 文化財保護法の規定によって重要文化財として指定された建築物の大規模の修繕をしようとする場合は、建築確認を受ける必要がない。

答え

問 065 商業地域内で、かつ、防火地域内にある耐火建築物については、建築物の容積率制限は適用されない。

答え

解説

問062　答え　×

図書館は開発許可不要です。

エリアや面積を問わず、開発許可を受ける必要はありません。

問063　答え　×

野球場は、10000㎡以上であれば開発行為に該当します。しかし、本問では8000㎡とあるため、そもそも開発行為ではありません。ただの土木工事ということです。

開発許可とは、開発行為を行うときに必要となるものであるため、開発行為でない場合には不要です。「市街化調整区域だから、面積に関係なく許可が必要」と考えてしまう方が多いのですが、**そもそもの開発行為の定義を今一度しっかりと確認しておきましょう**。

問064　答え　○

重要文化財や国宝に指定された建築物には、建築基準法は適用されません。もし適用されるなら、京都や奈良は違法建築物だらけになってしまいます。

問065　答え　×

容積率ではなく、**建蔽率制限は適用されません**。容積率と建蔽率は混同しやすいので、注意が必要です。

国土利用計画法

問066 Bが行った事後届出に係る土地の利用目的について、都道府県知事が適正かつ合理的な土地利用を図るために必要な助言をした場合、Bがその助言に従わないときは、当該知事は、その旨及び助言の内容を公表することができる。

答え

問067 都市計画区域外においてAが所有する面積12000㎡の土地について、Aの死亡により当該土地を相続したBは、事後届出を行う必要はない。

答え

農地法

問068 遺産分割により農地を取得することとなった場合、法第3条第1項の許可を受ける必要がある。

答え

問069 耕作目的で原野を農地に転用しようとする場合、法第4条第1項の許可は不要である。

答え

解説

問066 答え ×

助言を無視しても、その旨が公表されることはありません。**公表されることがあるのは、勧告に従わなかったとき**です。

助言と勧告は法律上別物ですので、区別して考える必要があります。

問067 答え ○

相続の場合、エリアや面積を問わず、事後届出は不要です。

「土地売買等の契約」を行った場合に、原則として届出が必要となるのですが、相続はそもそも契約ではないからです。

問068 答え ×

相続の場合、農地法の許可は不要です。

問069 答え ○

スタートが原野なので、許可は要りません。

農地法は、この国から農地が減るのを防ぐための法律です。そのため、畑をつぶすときに許可を受ける必要があるのです。

しかし、本問のように原野を農地に転用する場合、農地は減らず、むしろ増えてます。したがって許可は不要なのです。

問 070 農業者が住宅の改築に必要な資金を銀行から借りるために、自己所有の農地に抵当権を設定する場合には、法第3条第1項の許可を受ける必要はない。

答え

宅地造成等規制法

問 071 宅地造成工事規制区域内において、宅地を宅地以外の土地にするための盛土であって、当該盛土を行う土地の面積が 600㎡であり、かつ、高さが3mのがけを生ずることとなるものに関する工事については、都道府県知事の許可は必要ない。

答え

宅建業法

問 072 都市計画法に規定する用途地域外の土地で、倉庫の用に供されているものは、法第2条第1号に規定する宅地に該当しない。

答え

問 073 Aの所有する商業ビルを賃借しているBが、フロアごとに不特定多数の者に反復継続して転貸する場合、AとBは宅地建物取引業の免許を受ける必要はない。

答え

解説

問070　答え　○

　抵当権を設定する場合には、農地法の許可は不要です。**農地法3条の許可は、使う人が変わるときに必要**となります。
　もっとも、抵当権を設定するだけなら、使う人は変わりません。したがって、許可不要となります。

問071　答え　○

「宅地以外の土地にするため」の工事は、宅地造成に該当しません。したがって、許可を受ける必要はありません。
「パン作り」という言葉で考えてください。パン以外のものを作る行為を、パン作りとは言いませんよね。それと同じで、宅地以外の土地を作る行為を宅地造成とは言わないのです。

問072　答え　×

　建物の敷地は宅地です！　建物の敷地に供されている土地は、たとえ用途地域外であっても宅地に該当します。倉庫は建物であるため、その下の土地は宅地に該当するのです。

問073　答え　○

　転貸も免許不要です！　転貸とは、借りているものを貸すことです。**貸すという行為自体が宅建業ではない**ため、自分のものでも借りているものでも、貸すという行為に変わりはないため、どちらも免許はいりません。

問074 多数の顧客から、顧客が所有している土地に住宅や商業用ビルなどの建物を建設することを請け負って、その対価を得ているA社は、宅地建物取引業の免許を受けなければならない。

答え

問075 宅地建物取引業者Cは、業務停止処分の聴聞の期日及び場所が公示された日から当該処分をする日又は当該処分をしないことを決定する日までの間に、相当の理由なく廃業の届出を行った。この場合、Cは、当該届出の日から5年を経過しなければ、免許を受けることができない。

答え

問076 免許を受けようとするA社に、刑法第204条（傷害）の罪により拘留の刑に処せられた者が役員として在籍している場合、その刑の執行が終わってから5年を経過していなければ、A社は免許を受けることができない。

答え

解説

問074　答え　×

A社が行っているのは**建設業**です。したがって、宅建業の免許は必要ありません。

問075　答え　×

業者Cが受ける処分に着目してください。1行目の「業務停止処分」が誤りです。これが、「不正の手段によって免許を受けた」「業務停止処分に該当する行為をし、情状が特に重い」「業務停止処分に違反した」として**免許取消処分を受ける場合であれば、この問題は正しい**記述となります。
「これからあなたにレッドカードを渡そうと思っています」という場合に廃業の届出をすると、結果的に届出の日から5年欠格となるのです。本問は「これからあなたにイエローカードを渡そうと思っています」という事案なので、まだ欠格まではいきません。

問076　答え　×

暴行の罪により拘留の刑に処せられた場合、欠格事由には該当しません。仮に、暴行の罪により罰金の刑に処せられていたら、罰金を納めた日から5年間欠格事由となっていました。拘留は罰金よりも軽いため、A社は免許を受けることができます。なお、禁錮・懲役の実刑をくらった場合ももちろん欠格事由となります。

問077 免許を受けようとするB社の取締役が、刑法第209条(過失傷害)の罪により罰金の刑に処せられた場合、罰金を納めた日から5年を経過していなければ、B社は免許を受けることができない。

答え

問078 免許を受けようとするC社の代表取締役が、道路交通法違反により禁錮の刑に処せられ、その刑の執行が終わってから5年を経過していない場合、C社は免許を受けることができない。

答え

問079 宅地建物取引業者A(甲県知事免許)が、免許の更新の申請を怠り、その有効期間が満了した場合、Aは、遅滞なく、甲県知事に免許証を返納しなければならない。

答え

問080 法人である宅地建物取引業者A(甲県知事免許)は、役員の住所について変更があった場合、その日から30日以内に、その旨を甲県知事に届け出なければならない。

答え

解説

問077　答え　×

過失傷害罪と傷害罪は別物です。過失傷害の罪により罰金の刑に処せられたとしても、その取締役は欠格事由とはなりません。

したがって、B社は免許を受けることができます。

問078　答え　○

禁錮刑・懲役刑に処せられた場合には、犯罪に関係なく5年間欠格となります。

刑法でも、道路交通法でも、禁錮以上の刑をくらってしまったら5年欠格です。

問079　答え　×

有効期間満了の場合、免許証を返納する必要はありません。

問080　答え　×

役員の住所は宅建業者名簿には載っていません。

したがって、住所変更があったとしても、変更の届出は不要です。

問081 甲県知事登録を受けている者が、甲県から乙県に住所を変更した場合は、甲県知事に対して、遅滞なく住所の変更の登録を申請しなければならない。

答え

問082 宅地建物取引業者は、主たる事務所を移転したことにより、その最寄りの供託所が変更となった場合において、有価証券をもって営業保証金を供託しているときは、遅滞なく、費用を予納して、営業保証金を供託している供託所に対し、移転後の主たる事務所の最寄りの供託所への営業保証金の保管替えを請求しなければならない。

答え

解説

問081　答え　○

住所は宅建士の資格登録簿に載っています。したがって、住所変更があった場合、遅滞なく変更の登録を申請する必要があります。

問80の宅建業者の変更の届出と、本問の宅建士の変更の登録の混同を狙った問題は、過去何度も出題されています。

登載事項の比較（抜粋）

宅建業者名簿	宅建士資格登録簿
商号・名称	氏名
役員・使用人の氏名	住所
事務所ごとに置かれる専任の宅建士の氏名	宅建業者で働いている場合 勤務先の商号・名称、免許証番号
事務所の名称・所在地	本籍

宅建業者名簿は会社の情報、宅建士の資格登録簿はそこで働いている宅建士の情報と考えてください。

問082　答え　×

保管替え請求は金銭のみで供託している場合です。

本問のように有価証券を供託している場合、保管替え請求ではなく新たに供託をしなければなりません。何を供託しているのか、キーワードを意識して問題文を読んでいきましょう。

問083 宅地建物取引業者が保証協会に加入しようとするときは、当該保証協会に弁済業務保証金分担金を一定の有価証券をもって納付することは認められておらず、金銭で納付しなければならない。

答え

問084 宅地建物取引業者の従業者である宅地建物取引士は、取引の関係者から事務所で従業者証明書の提示を求められたときは、この証明書に代えて従業者名簿または宅地建物取引士証を提示することで足りる。

答え

問085 宅地建物取引業者が、宅地及び建物の売買の媒介を行うに際し、媒介報酬について、買主の要望を受けて分割受領に応じることにより、契約の締結を誘引する行為は、法に違反する。

答え

問086 宅地建物取引業者Aが、BからB所有の宅地の売却に係る媒介を依頼され、AがBと専任媒介契約を締結した場合、Aは、当該宅地の売買契約が成立したときは、遅滞なく、登録番号・契約当事者の氏名・売買契約の成立した年月日を指定流通機構に通知しなければならない。

答え

解説

問083　答え　○

供託所と異なり、**保証協会は現金しか受け付けてくれません**。有価証券での納付は認められていないのです。したがって、宅建業者が保証協会にお金を入れる際には、金銭で行う必要があります。

問084　答え　×

従業者証明書を見せてと言われているのですから、従業者証明書を見せなければなりません。違うものを見せても仕方がありませんから。

問085　答え　×

手付の分割払いはアウトですが、媒介報酬（仲介手数料のこと）の分割払いは宅建業法に違反しません。

問086　答え　×

買主の氏名は通知する必要がありません。

宅建業者は、登録した宅地や建物の売買または交換の契約が成立したときは、遅滞なく、**①登録番号、②宅地建物の取引価格、③契約の成立した年月日を指定流通機構（レインズ）に通知**しなければなりません。

買主の氏名を知ったところでレインズとしても意味がないため、通知する必要はないのです。

問 087 宅地建物取引業者は、建物の貸借の媒介を行う場合、建築基準法に規定する容積率及び建蔽率に関する制限があるときは、その制限内容を法 35 条に規定する重要事項として説明しなければならない。

答え

問 088 宅地建物取引業者は、建物の貸借の媒介を行う場合、私道に関する負担について法 35 条に規定する重要事項として説明しなければならない。

答え

問 089 宅地建物取引業者は、建物の貸借の媒介を行う場合、当該建物が既存の建物であるときは、設計図書、点検記録その他の建物の建築及び維持保全の状況に関する書類で国土交通省令で定めるものの保存の状況について、法 35 条に規定する重要事項として説明しなければならない。

答え

解説

問087　答え　×

建物の貸借の場合、都市計画法・建築基準法に関する事項を説明する必要はありません。

すでに建っている建物を借りて住むわけですから、開発に関する法律である都市計画法は意味がありません。また、すでに家は建っているわけですから、建築基準法についての説明を受ける意味もないのです。

問088　答え　×

建物の貸借の場合、私道負担に関する説明は不要です。

私道負担は、土地についての話であり、建物の借主には直接関係のあることではないからとされています。

問089　答え　×

建物の貸借の場合、建物の建築及び維持保全の状況に関する書類の保存の状況を説明をする必要はありません。

これらの書類は所有者にとっては資産価値を示す大事な書類ですが、借主にとっては正直どうでもいいものだからです。

問 090 宅地建物取引業者は、建物の貸借の媒介を行う場合、当該建物が住宅の品質確保の促進等に関する法律に規定する住宅性能評価を受けた新築住宅であるときには、その旨を法 35 条に規定する重要事項として説明しなければならない。

答え

問 091 宅地建物取引業者は、宅地の売買の媒介を行う場合、当該宅地の引渡しの時期を、法 35 条に規定する重要事項として宅地建物取引士をして説明させる必要はない。

答え

解説

問090　答え　×

建物の貸借の場合、物件が住宅の品質確保の促進等に関する法律に規定する住宅性能評価を受けた新築住宅であるときであっても、その旨を**説明する必要はありません。**

住宅性能評価を受けると、もしその家が欠陥住宅だった場合、大工さんに裁判で勝ちやすくなります。

ただ、これはすべて所有者のための制度です。借主には関係がないため、説明する必要はありません。

問091　答え　○

引渡しの時期は、契約書（37条書面）の記載事項です。

重要事項説明（重説）は商品案内のことです。法律の建前として、重説を聞いてから、買うかどうかの最終判断をすることとなっています（実際上は重説と契約締結を一連の流れでやってしまいますが……）。

つまり建前上、重説を聞いている段階では「まだ買うかどうか決まっていない」のです。決まっていないのに、引渡しの日程なんてわかりませんよね。したがって、重説をする必要はありません。

問 092　宅地建物取引業者は、建物の貸借の媒介を行う場合、借賃の額並びにその支払いの時期及び方法について、法 35 条に規定する重要事項として説明する必要はない。

答え

問 093　宅地建物取引業者は、区分所有建物の貸借の媒介を行う場合、専有部分の用途その他の利用の制限に関する規約の定め（その案を含む）があるときは、その内容を、法 35 条に規定する重要事項として説明しなければならない。

答え

解説

問092　答え　○

借賃の額並びにその支払いの時期及び方法は、契約書（37条書面）の記載事項です。**重要事項説明の内容とはされていません。**

貸借の場合、借賃以外に授受される金銭の額及び当該金銭の授受の目的については重説事項となっています。たとえば、敷金や礼金といったお金です。

もっとも、本体価格である借賃については説明義務がありません。これは売買における代金でも同じです。代金や借賃については、わざわざ説明しなくても、さすがにお客さんはわかっているだろうというのが理由です。気になるお値段については、お客さんから聞いているでしょうから、義務づけるまでもないのです。

問093　答え　○

専有部分の用途は貸借の場合も説明します！

たとえば「ペット飼育禁止」「楽器演奏禁止」といった、専有部分についてのルールのことです。これらは、賃借人にとっても大きな影響を及ぼすため、貸借であっても説明しなければなりません。

問 094 宅地建物取引業者は、区分所有建物の貸借の媒介を行う場合、当該一棟の建物及びその敷地の管理が委託されているときは、その委託を受けているものの氏名及び住所（法人の場合には、その商号又は名称及び主たる事務所の所在地）を法 35 条に規定する重要事項として説明しなければならない。

答え

問 095 宅地建物取引業者は、区分所有建物の貸借の媒介を行う場合、共用部分に関する規約の定め（その案を含む）があるときは、その内容を、法 35 条に規定する重要事項として説明しなければならない。

答え

問 096 宅地建物取引業者が媒介により既存建物の貸借の契約を成立させた場合、37 条書面に、建物の構造耐力上主要な部分等の状況について当事者双方が確認した事項を記載しなければならない。

答え

問 097 宅地建物取引業者が媒介により建物の貸借の契約を成立させた場合、移転登記の申請時期を、37 条書面に記載しなければならない。

答え

解説

問094　答え　○

管理会社の情報は貸借でも説明しなければなりません。「このような管理会社が管理していますよ」という情報は賃借人にとっても重要なので、貸借であっても説明しなければなりません。

問095　答え　×

マンションの貸借の場合、共用部分に関する規約の定めは説明する必要はありません。

問096　答え　×

貸借の場合は記載不要です。建物の構造耐力上主要な部分等の状況について当事者双方が確認した事項については、貸借の場合、37条書面に記載する必要がありません。

これは、売買の代理・媒介を行ったときの記載事項です。

問097　答え　×

貸借の場合、所有者が変わらないため、登記はしません。ここでいう移転登記というのは、「所有権移転登記」のことです。貸借をしたところで、所有者は変わりません。

つまり**所有権移転登記を申請することはあり得ない**ため、契約書に記載する必要がないのです。

問 098 宅地建物取引業者が媒介により建物の売買の契約を成立させた場合、当該建物の上に存する登記された権利の種類及び内容並びに登記名義人又は登記簿の表題部に記録された所有者の氏名を、37 条書面に記載しなければならない。

答え

問 099 宅地建物取引業者が媒介により建物の貸借の契約を成立させた場合、契約期間及び更新に関する事項を 37 条書面に記載しなければならない。

答え

問 100 当該宅地又は建物にかかる租税その他の公課の負担に関する定めがあるときは、法 35 条に規定する重要事項として説明しなければならず、37 条書面にも記載しなければならない。

答え

問 101 契約解除に関する定めがあるときは、法 35 条に規定する重要事項として説明しなければならず、37 条書面にも記載しなければならない。

答え

解説

問098　答え　×

これは重要事項説明の内容です。37条書面には記載する必要はありません。

当該建物の上に存する登記された権利の種類及び内容並びに登記名義人又は登記簿の表題部に記録された**所有者の氏名は重要事項となってはいますが、37条書面の記載事項とはなっていません。**

問099　答え　×

更新に関する事項は重要事項説明の内容ではありますが、**37条書面には記載不要**です。

問100　答え　×

租税公課に関する定めがあるときは、37条書面に記載します。**重要事項説明は不要**です。

問101　答え　○

契約の解除に関する定めがあるときは、重要事項として説明しなければならず、37条書面にも記載しなければなりません。**35条・37条共通の事項**ということです。

問 102 宅地建物取引業者が媒介により建物の貸借の契約を成立させた場合、借賃についての金銭の貸借のあっせんに関する定めがある場合においては、当該あっせんに係る金銭の貸借が成立しないときの措置を 37 条書面に記載しなければならない。

答え

問 103 Aは、自ら所有している物件について、直接賃借人Bと賃貸借契約を締結するに当たり、法第 35 条に規定する重要事項の説明を行わなかった。この場合、Aは、甲県知事から業務停止を命じられることがある。

答え

解説

問102　答え　×

ローンのあっせんは、貸借の場合は記載不要です。

金銭の貸借（ローン）のあっせんについては、売買の場合には37条書面の記載事項となっていますが、貸借の場合には記載不要です。なぜなら、貸借でローンのあっせんというのがあり得ないからです。

賃貸のためにローンを組まなくてはいけないようなら、おそらく入居審査に通らないからです。

問103　答え　×

Aが何をしているのかに着目しましょう。

Aは、自分の物件をBに賃貸しています。これは**そもそも、宅建業ではない**ですよね。したがって、重要事項説明をする必要はありませんし、業務停止処分を受けることもありません。

「いつ」ひっかけ

権利関係

民法

問104　AとBとの間で、今年の宅建試験にBが合格したらA所有の建物をBに贈与する旨を書面で約し、その後Bが宅建試験に合格した場合、Bがこの建物の所有権を取得するのは、宅建試験に合格したときである。

答え

問105　代理権を有しない者がした契約を本人が追認する場合、その契約の効力は、別段の意思表示がない限り、契約のときにさかのぼってその効力を生ずる。

答え

問106　Aの所有する甲土地をBが時効取得した場合、Bが甲土地の所有権を取得するのは、取得時効の完成時である。

答え

解説

問104　答え　×

宅建試験に合格したときではなく、契約のときにさかのぼって建物の所有権を取得します。

「試験に合格したら建物をあげる」というのは、停止条件付の贈与契約です。条件が成就したときには、その効力は契約のときにさかのぼって生じます。つまり、はじめからということですね。

問105　答え　○

無権代理行為を本人が追認したケースです。こちらも**契約のときにさかのぼって効力を生じます**。

問106　答え　×

取得時効の完成時ではなく、**占有開始時**です。

たとえば、Bが2000年4月1日に甲土地の占有を開始して、2020年4月1日に時効が完成した場合、その土地は2000年からBの物という扱いになります。

これは、固定資産税と関係しています。仮に、「時効完成時に所有権を取得」するなら、Bは2021年分から固定資産税を払えばいいことになります。ただ、2000年から所有の意思をもって占有していたことを考えるとこれは不当ですよね。そこで、2000年から所有者だったとすることで、**固定資産税をBに払わせるシステム**になっているのです。

問 107 所有権がAからBに移転している旨が登記されている甲土地につき、CがBとの間で売買契約を締結して所有権移転登記をしたが、その後AはBの強迫を理由にAB間の売買契約を取り消した場合、CがBによる強迫を過失なく知らなかったとき、Aは所有者であることをCに対して主張することはできない。

答え

解説

問107　答え　×

順番を整理しましょう。

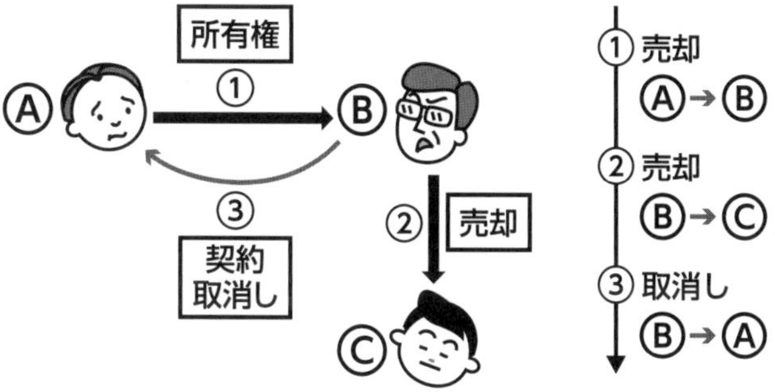

①AからBに所有権移転

②CがBから甲土地を購入

③AがBの強迫を理由に契約を取り消した

強迫の被害者であるAから見て、Cは取消し前の第三者となります。取消しをしたときには、すでにCは三角関係に入っていたからです。

取消前の第三者の場合は、意思表示のところで学習した「詐欺・強迫」と同じと考えてしまいましょう。登記云々ではなく、実体的な勝敗で判断してしまうのです。

強迫の被害者は、たとえ第三者が善意無過失であったとしても、勝てます。したがって、この問題の答えは×になります。

問 108 AがBから購入した甲土地につき、Cが時効により甲土地の所有権を取得した旨主張している場合、取得時効の進行中にAB間で売買契約及び所有権移転登記がなされ、その後に時効が完成しているときには、Cは登記がなくてもAに対して所有権を主張することができる。

答え

解説

問108　答え　○

順番を正確に読み取りましょう。

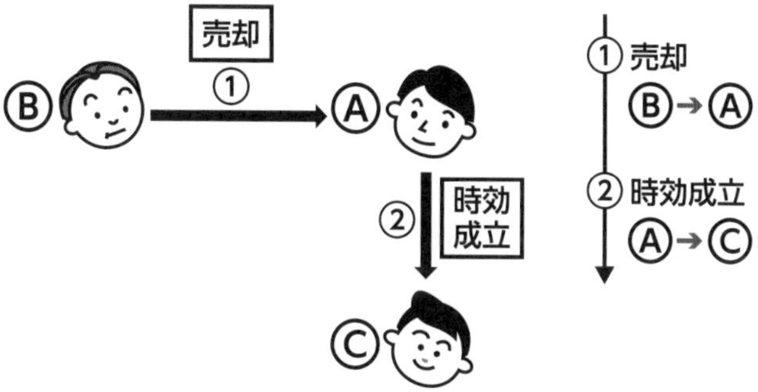

①ＢＡ間で売買契約及び所有権移転登記がなされた
②Ｃの時効が完成した

時効取得したCから見て、Aは時効完成前の第三者です。

Ｃの時効が完成したとき、甲土地の所有者はＡとなっていました。そもそも時効が完成したということは、Ａがこの土地をほったらかしにしていたということを意味します。

したがって、ＣはＡに対して、登記がなくても所有権を主張することができます。Ｃの勝ちというわけです。

問109 取得時効の完成により乙不動産の所有権を適法に取得したCは、その旨を登記しなければ、時効完成後に乙不動産を旧所有者であるAから取得して所有権移転登記を経たBに対して、所有権を対抗できない。

答え

問110 抵当権者は、その目的物の滅失によって債務者が受けるべき金銭等に対し物上代位することができるが、抵当権者は、債務者が当該金銭等を受領する前に差押えをしなければならない。

答え

解説

問109　答え　○

順番を整理することからはじめましょう。

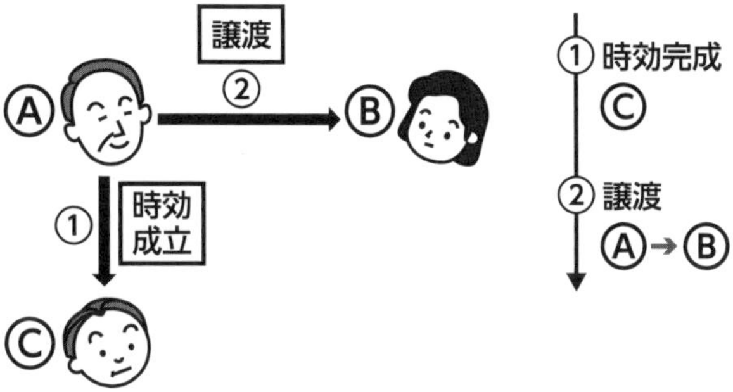

①Cの時効が完成

②旧所有者AからBが所有権を譲り受けた

この問題では、Cの時効が完成してから、Bが三角関係に入ってきています。したがって、**時効完成後の第三者**ということになります。

本問に限らず、**「○○後の第三者」はすべて対抗関係**となります。つまり、登記を持っている者が勝ちです。

本問では、Bが登記を備えているため、Bの勝ち。AはBに対して、所有権を対抗できません。

問110　答え　○

物上代位とは、横どりシステムのことです。**抵当権者は、債務者がお金を受け取る前に差押え**をしなければなりません。

問111 解約手付を交付した場合、相手方が履行に着手するまでであれば、買主はその手付を放棄し、売主はその倍額を償還して契約の解除をすることができる。

答え

問112 Aが、Bに対して、A所有の甲建物を賃貸している場合、Bは、甲建物について有益費を支出したときは、賃貸人に対し、直ちにその償還を請求することができる。

答え

問113 人の生命又は身体を害する不法行為による損害賠償請求権は、被害者が損害または加害者を知った時から5年間行使しないときには、時効によって消滅する。

答え

解説

問111　答え　○

解約手付による**解除のタイムリミットは、相手がやることをやるまで**です。

なお、仮に自分は動いていたとしても、相手がまだ動いていなければ解除できます。

問112　答え　×

有益費を支出したときは、賃貸借の終了時に償還手続きをすることになります。直ちに償還請求はできません。

なお、必要費を支出したときには、直ちに償還請求できます。

問113　答え　×

「損害または加害者」ではなく、損害及び加害者を知ったときから5年です。

5年のカウントダウンがスタートするのは、損害と加害者、両方を知ったときからです。

たとえば、交通事故でひき逃げに遭った場合、加害者がわからない間は、5年のカウントダウンはスタートしないということです。もっともこの場合でも、事故から20年経ってしまうと、時効を迎えてしまいます。

問114 Aが死亡し、相続人がAの子であるB及びCである場合において、BC間の遺産分割協議が成立しないうちにCが死亡した。Cには配偶者D、Dとの子Eがいる場合、Aの遺産分割協議は、BとEで行う。

答え

区分所有法

問115 他の区分所有者から区分所有権を譲り受け、建物の全部を所有することとなった者は、公正証書による規約の設定を行うことができる。

答え

解説

問114　答え　×

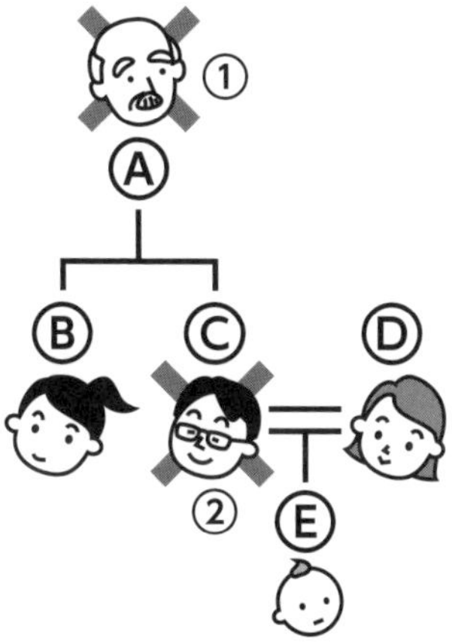

亡くなった順番を正確に把握しましょう。

Aが亡くなった時点では、Cは生きていました。したがって、**Aの相続人はあくまでBとC**です。ただ、BとCで、Aの遺産分割協議を行う前に、Cが亡くなってしまいました。この場合、**B、そして、Cの相続人であるDとEが、Aの遺産分割協議を行います**。

下の世代が死亡している＝代襲相続、と考えるのではなく、順番を意識しましょう。

問115　答え　×

公正証書による規約の設定ができるのは、最初に専有部分の全部を所有することとなった者です。実務上では、売主である分譲業者が、最初に公正証書による規約の設定をすることが多いです。もっとも本問のように後から専有部分の全部を所有したとしても、公正証書による規約設定はできません。

法令上の制限

都市計画法

問116 地区計画の区域のうち地区整備計画が定められている区域内において、建築物の建築等の行為を行った者は、一定の行為を除き、当該行為の完了した日から30日以内に、行為の種類、場所等を市町村長に届け出なければならない。

答え

宅地造成等規制法

問117 宅地造成工事規制区域内の宅地において、高さが2mを超える擁壁を除却する工事を行おうとする者は、一定の場合を除き、その工事が完了してから14日以内にその旨を都道府県知事に届け出なければならない。

答え

問118 宅地造成工事規制区域内において、宅地以外の土地を宅地に転用しようとする者は、一定の場合を除き、その転用する日の14日前までにその旨を都道府県知事に届け出なければならない。

答え

解説

問116　答え　×

完了した日からではなく、**行為に着手する日の30日前までに届け出ます**。工事を終えてから届け出るのは意味がないので、事前届出となっています。

問117　答え　×

完了してから14日以内ではなく、**工事に着手する日の14日前までに届出**をしなければなりません。つまり、事前届出ということです。

問118　答え　×

転用する日の14日前までではなく、**転用した日から14日以内**です。つまり、事後届出でよいのです。

知識があいまいな方は、「数字」ひっかけ・宅地造成等規制法の問210で解説している表（221ページ）を確認しておきましょう。

宅建業法

問119 破産者であった個人Aは、復権を得てから5年を経過しなければ、免許を受けることができない。

答え

問120 免許を受けようとする株式会社K社に、刑法第204条（傷害）の罪を犯し懲役1年執行猶予2年の刑に処せられ、その刑の全部の執行猶予の期間を満了した者が役員として在籍している場合、その満了の日から5年を経過しなければ、K社は免許を受けることができない。

答え

問121 個人である宅建業者F（甲県知事免許）が死亡した場合、その相続人は、Fが死亡した日から30日以内に、その旨を甲県知事に届け出なければならない。

答え

問122 新たに宅地建物取引業を営もうとする者は、営業保証金を主たる事務所に供託した後に、国土交通大臣又は都道府県知事の免許を受けなければならない。

答え

解説

問119　答え　×

破産者は、復権を得ればすぐに免許を受けることができます。５年縛りはありません。

問120　答え　×

執行猶予期間が満了すれば、すぐに免許を受けることができます。実刑をくらって刑務所に入った場合には、出所したときから５年間欠格になります。ただ、執行猶予がつき、その期間が満了した場合には、５年縛りはありません。

問121　答え　×

死亡した日ではなく、**相続人が死亡の事実を知った日から30日以内**です。

問122　答え　×

免許を受けてから、営業保証金を供託します。実務的な話ですが、営業保証金を供託するときに、免許証番号を書かないと供託所はお金を受け取ってくれません。なので、免許を受けるのが先です。

①免許を受けて、②供託をし、③その旨を免許権者に届出をして、④営業開始という順番を押さえておきましょう。

問 123 保証協会は、新たに宅地建物取引業者がその社員として加入しようとするときは、あらかじめ、その旨を当該宅地建物取引業者が免許を受けた国土交通大臣又は都道府県知事に報告しなければならない。

答え

問 124 宅地建物取引業者で保証協会に加入しようとする者は、その加入の日から2週間以内に、弁済業務保証金分担金を保証協会に納付しなければならない。

答え

問 125 保証協会に加入している宅地建物取引業者（甲県知事免許）は、甲県の区域内に新たに支店を設置する場合、その日までに当該保証協会に追加の弁済業務保証金分担金を納付しないときは、社員の地位を失う。

答え

問 126 宅地建物取引業者Aが、都市計画法第 29 条第1項の許可を必要とする宅地について開発行為を行いCに売却する場合、Cが宅地建物取引業者であれば、その許可を受ける前に当該宅地の売買契約を締結することができる。

答え

解説

問123　答え　×

あらかじめの報告ではなく、**事後報告**となっています。保証協会は、宅建業者が加入したときには、直ちにその業者の免許権者に報告しなければならないとされています。事前に報告する必要はありません。

問124　答え　×

保証協会に加入しようとする宅建業者は、加入しようとする日までに弁済業務保証金分担金を保証協会に納付しなければなりません。つまり、**前払い**です。

問125　答え　×

新たに事務所を設置したときは、**その日から2週間以内にお金を納付**しなければなりません。こちらは後払いです。

問124と比較して、覚えておきましょう。

問126　答え　×

開発許可を必要とする宅地の貸借については、**開発許可を受けた後でなければ、その宅地の広告も契約もしてはいけません。**

これは、たとえ**買主が宅建業者であったとしても同じ**です。

問127 都市計画法第29条第1項の許可を必要とする宅地について、Bが開発行為を行い貸主として貸借しようとする場合、宅地建物取引業者Aは、Bがその許可を受ける前であっても、Bの依頼により当該宅地の貸借の広告をすることができるが、当該宅地の貸借の媒介をすることはできない。

答え

問128 宅地建物取引業者は、建築確認が必要とされる建物の建築に関する工事の完了前において、建築確認の申請中である場合は、その旨を表示すれば、自ら売主として当該建物を販売する旨の広告をすることができる。

答え

問129 宅地建物取引業者は、宅地の売買の媒介を行う場合、宅地の買主に対して、当該宅地に関し、売買契約成立後遅滞なく、宅地建物取引士をして、法第35条に規定する重要事項を書面を交付して説明をさせなければならない。

答え

解説

問127 答え ×

開発許可を必要とする宅地の貸借については、**開発許可を受けた後でなければ、その宅地の広告はできません**。

もっとも、**貸借の媒介契約は、開発許可を受ける前であってもすることができます**。貸借の場合、売買に比べて何かあったときの損害が小さいからであると私は考えています。また、広告をするとなると途端に話が大きくなるため、さすがに賃貸であっても許されません。

問128 答え ×

建物の場合も、問126や127と同じく、建築確認がおりなければ広告をしてはいけません。

「申請中」ということは、建築確認を申請して、**今現在役所が審査をしている最中。もしかしたら、建築確認がおりないかもしれません**。なので、申請中の場合はダメなのです。

問129 答え ×

重要事項説明（重説）は契約成立前に行う必要があります。重説は「買うかどうかの最終確認」です。それを契約締結後に行っても意味がありません。

なお、37条書面（契約書）は、契約締結後遅滞なく交付することとなっています。37条書面は契約の証拠ですから、契約締結後すぐに当事者に交付することとされているのです。

「どこで」ひっかけ

法令上の制限

都市計画法

問130 都市計画区域は、当該市町村の区域の区域内に限り指定するものとされている。

答え

問131 都市計画区域については、無秩序な市街化を防止し、計画的な市街化を図るため、都市計画に必ず市街化区域と市街化調整区域との区分を定めなければならない。

答え

問132 準都市計画区域について無秩序な市街化を防止し、計画的な市街化を図るため必要があるときは、都市計画に、区域区分を定めることができる。

答え

問133 都市計画区域については、区域内のすべての区域において、都市計画に、用途地域を定めるとともに、その他の地域地区で必要なものを定めるものとされている。

答え

解説

問130　答え　×

「当該市町村の区域の区域内に限り」が誤りです。

複数の都道府県や市町村にまたがって都市計画区域を定めることもできるというわけです。

問131　答え　×

市街化区域と市街化調整区域との区分（区域区分）は、**必要があるときに定めることができる**、とされています。

したがって、必ず定めなければならないわけではありません。

問132　答え　×

区域区分は、**都市計画区域内において定められるもの**です。準都市計画区域では定めることができません。

問133　答え　×

都市計画区域のうち、**市街化区域内では、用途地域を定めなければなりません。**

もっとも、**市街化調整区域内では、原則として用途地域を定めない**とされています。したがって、都市計画区域内すべての区域で用途地域を定めるとする点で誤りです。

問134 特別用途地区とは、用途地域が定められていない土地の区域内において、当該地区の特性にふさわしい土地利用の増進、環境の保護等の特別の目的の実現を図るため当該用途地域の指定を補完して定める地区をいう。

答え

問135 特定用途制限地域とは、用途地域内において、良好な環境の形成又は保持のため当該地域の特性に応じて合理的な土地利用が行われるよう、制限すべき特定の建築物等の用途の概要を定める地域をいう。

答え

解説

問134　答え　×

特別用途地区は、**用途地域内**に定められます。

特別用途地区は、たとえば、商業地域の中でも学校が多いエリアに指定されます。商業地域は基本的に風俗店などを作ることもできる地域ですが、学校が多いエリアに風俗店があるのは、教育上よくないですよね。そこで、特別用途地区を指定することで、風俗店を作ることを禁止しています。

問135　答え　×

特定用途制限地域は、**用途地域の外**に定められます。

たとえば、北海道のリゾート地であるニセコアンヌプリは、特定用途制限地域に指定されています。ここは山なので、用途地域に指定されていません。したがって、用途制限がないため、本来であればどんな用途の建物を建ててもいいはずです。ところが、リゾート地という環境上、あまり不健全な店が建つと困りますよね。そこで、特定用途制限地域に指定して、建ててはいけない建物を規制しているのです。

名称	定められるエリア
特別用途地区	用途地域**内**
特定用途制限地域	用途地域が定められていない土地の区域内（用途地域**外**）

問 136 高層住居誘導地区は、住居と住居以外の用途を適正に配分し、利便性の高い高層住宅の建設を誘導するため、第一種中高層住居専用地域、第二種中高層住居専用地域において定められる地区をいう。

答え

問 137 準都市計画区域においても、用途地域が定められている土地の区域については、市街地開発事業を定めることができる。

答え

問 138 市街化区域において、農林漁業を営む者の居住の用に供する建築物の建築の用に供する目的で 1,200㎡の開発行為を行う場合、都市計画法による開発許可を受ける必要がある。

答え

解説

問136　答え　×

中高層住居専用地域に定めることはできません。

高層住居誘導地区は、高層マンションを建てるために、容積率や建蔽率をいじることが認められたエリアです。試験で問われるポイントはひとつだけで、**第一種・第二種中高層住居専用地域に定めることはできない**、という点です。

なぜなら、このエリアは、はじめからマンションを建てることを前提としているからです。誘導するまでもなく、マンションを建てればいいだけですから。

問137　答え　×

準都市計画区域においては、市街地開発事業を定めることはできません。準都市計画区域は、「あまり派手に開発してほしくないエリア」です。そんなエリアで、開発事業はできません。

問138　答え　○

市街化区域内では、農林漁業を営む方の家のためであっても、開発許可を受けなければなりません。また、市街化区域では1,000㎡以上の開発行為は許可が必要です。その点でも、今回は開発許可を受けなければなりません。

ちなみに、**市街化区域外で農林漁業系の開発行為をする場合には、許可不要**です。

建築基準法

問139 工業専用地域内においては、保育所を建築することができない。

答え

問140 建築物の敷地が工業地域と工業専用地域にわたる場合において、当該敷地の過半が工業専用地域内であるときは、共同住宅を建築することができる。

答え

問141 第一種低層住居専用地域内においては、大学を建築することはできないが、高等専門学校を建築することはできる。

答え

問142 第一種低層住居専用地域内においては、高等学校を建築することができる。

答え

問143 工業専用地域内においては、カラオケボックスを建築することができない。

答え

解説

問139　答え　×

保育所は、全ての用途地域内で建築することができます。
働く親のために、保育所はすべてのエリアで必要だからです。

問140　答え　×

用途地域をまたがっている場合、**面積が大きいほうのルールが適用**されます。本問では「過半が工業専用地域内」とあるため、ここでは工業専用地域の用途規制が適用されることになります。そして、**工業専用地域では共同住宅を建てることはできない**ため、誤りです。

問141　答え　×

第一種低層住居専用地域では、大学も高等専門学校も建築することはできません。

問142　答え　○

第一種低層住居専用地域は、幼稚園～高校までなら、建築することができます。

問143　答え　×

工業専用地域において、カラオケボックスを建てることはできます。

問 144 準都市計画区域内であっても、用途地域の指定のない区域内における建築物については、法 56 条第1項第1号の規定による道路斜線制限は適用されない。

答え

問 145 第一種低層住居専用地域及び第二種低層住居専用地域内における建築物については、法第 56 条第1項第2号の規定による隣地斜線制限が適用される。

答え

問 146 第二種中高層住居専用地域内における建築物については、法第 56 条第1項第3号の規定による北側斜線制限は適用されない。

答え

解説

問144　答え　×

道路斜線制限は、都市計画区域内と準都市計画区域内すべてのエリアで適用されます。

道路が暗くならないようにというのが道路斜線制限の趣旨です。したがって、すべてのエリアが対象です。

問145　答え　×

隣地斜線制限は、第一種・第二種低層住居専用地域・田園住居地域では適用されません。このエリアはお隣さんも低い建物なので、適用する必要がないのです。

問146　答え　×

北側斜線制限が適用されるのは**第一種・第二種低層住居専用地域・田園住居地域、日影規制の適用がない第一種・第二種中高層住居専用地域**です。

田園住居地域は低層と同じと考えていいので、**「住居専用」という言葉がつくエリアで適用される**、と覚えましょう。

エリア	道路	隣地	北側
一種二種低層住専・田園住居	○	×	○
一種二種中高層住居専用地域	○	○	○
それ以外のエリア	○	○	×

問 147 法第 56 条の2第1項の規定による日影規制の対象区域は地方公共団体が条例で指定することとされているが、商業地域、工業地域及び工業専用地域においては、日影規制の対象区域として指定することができない。

答え

問 148 防火地域内においては、2階建て、延べ面積が100㎡の住宅は、耐火建築物としなければならない。

答え

解説

問147　答え　○

商業地域、工業地域、工業専用地域は、日影規制の対象外となっています。

以下のゴロで覚えましょう。

商業高校日影なし

商業　工業　工業専用

問148　答え　×

本問の場合、準耐火建築物でもよいため、誤りです。

防火地域内

	100㎡以下	100㎡超
（地階含む）3階以上	**耐火**	**耐火**
（地階含む）2階	準耐火でもよい	**耐火**
（地階含む）1階	準耐火でもよい	**耐火**

問149 準防火地域内においては、3階建て、延べ面積が1200㎡の住宅は、耐火建築物としなければならない。

答え

問150 準都市計画区域内に建築する木造の建築物で、2の階数を有するものは、建築確認を必要としない。

答え

問151 防火地域及び準防火地域内において、建築物を改築する場合で、その改築に係る部分の床面積の合計が10㎡以内であるときは、建築確認は不要である。

答え

解説

問149　答え　×

本問の場合、準耐火建築物でもよいため、誤りです。

準防火地域

	500㎡以下	500㎡超 1,500㎡以下	1,500㎡超
（地階除く） 4階以上	**耐火**	**耐火**	**耐火**
（地階除く） 3階	基準に適合していればよい	準耐火でもよい	**耐火**
（地階除く） 2階以下	特に規制なし	準耐火でもよい	**耐火**

問150　答え　×

都市計画区域内・準都市計画区域内において建築を行う場合には、建築確認を受けなければなりません。

問151　答え　×

防火地域及び準防火地域内において、建築物を改築する場合には、建築確認が必要になります。床面積は関係ありません。改築に係る部分の床面積の合計が10㎡以内であるときは、**建築確認は不要となるのは、防火地域及び準防火地域外の場合**です。

宅建業法

問152 都市計画法に規定する工業専用地域内の土地で、建築資材置き場の用に供されているものは、法第2条第1号に規定する宅地に該当する。

問153 本店及び支店1か所を有するAが、甲県内の本店では建設業のみを営み、乙県内の支店では宅地建物取引業を営む場合、Aは乙県知事の免許を受けなければならない。

問154 宅地建物取引業者T社（甲県知事免許）は、乙県内で一団の建物の分譲を行う案内所を設置し、当該案内所において建物の売買契約を締結する場合、国土交通大臣へ免許換えの申請をしなければならない。

問155 宅地建物取引業者は、一団の建物の分譲を行う案内所を設置し、当該案内所において建物の売買契約を締結する場合、当該展示会場の従業者5人に対して1人以上の割合となる数の専任の宅地建物取引士を置かなければならない。

問156 甲県で実施された宅地建物取引士試験に合格したAが、その後に乙県に転居した場合、Aが宅地建物取引士の資格登録を行うときには、乙県知事に対して登録の申請を行うこととなる。

解説

問152　答え　○

用途地域内の土地は、たとえ建物が建っていなくとも宅地に該当します。

問153　答え　×

支店が宅建業を行っているなら、**本店は、宅建業を営んでいるかどうかに関係なく、事務所として扱います**。

問154　答え　×

案内所は事務所ではありません。免許換えが必要となるのは、他県に事務所を作った場合です。案内所を他県に設置したとしても、免許換えをする必要はありません。

問155　答え　×

案内所は事務所ではありません。5人に1人以上の宅建士が必要となるのは、事務所です。

案内所には、従業員の数に関係なく、専任の宅建士が最低1人いればいいのです。

問156　答え　×

宅建士の登録は、試験合格地の知事に対して行います。

Aは甲県で合格しているので、登録をするのも甲県です。

問 157 宅地建物取引業者は、事業の開始後新たに従たる事務所を設置したときは、その従たる事務所の最寄りの供託所に政令で定める額を供託し、その旨を免許を受けた国土交通大臣又は都道府県知事に届け出なければならない。

答え

問 158 宅地建物取引業者は、事業の開始後新たに案内所を設置したときは、主たる事務所の最寄りの供託所に政令で定める額を供託し、その旨を免許を受けた国土交通大臣又は都道府県知事に届け出なければならない。

答え

問 159 宅地建物取引業者は、案内所においては、そこで契約行為等を行わない場合であっても、国土交通省令で定める標識を掲示しなければならない。

答え

問 160 宅地建物取引業者は、各事務所の業務に関する帳簿を、主たる事務所に備えなければならない。

答え

問 161 法第 35 条の規定による重要事項説明及び書面の交付は、ホテルのロビーで行うことはできない。

答え

解説

問157　答え　×

従たる事務所の最寄りの供託所ではなく、**主たる事務所（本店）最寄りの供託所に供託**します。

たとえば、東京に本社がある宅建業者が北海道に支店を作った場合、東京の供託所に供託をするということです。

問158　答え　×

案内所は事務所ではありません。供託をしなければならないのは、新たに事務所を設置した場合です。

したがって、案内所を作ったとしても、供託をする必要はありません。

問159　答え　○

標識は業務を行うすべての場所に掲示しなければなりません。たとえ契約を行わないとしても、その場所で働く従業員はいるわけですから、標識が必要です。

問160　答え　×

帳簿は事務所ごとに備えます。本問は、「本社が一括して備える」という記述になっているため、誤りです。

問161　答え　×

重要事項説明（重説）は、どこでもすることができます。

問162 宅地建物取引業者A社（国土交通大臣免許）が甲県内に所在するマンション（60戸）を分譲するにあたり、A社が乙県内に設置する案内所について、A社は国土交通大臣及び甲県知事に、業務を開始する日の10日前までに法50条第2項の規定に基づく届出を行わなければならない。

答え

問163 宅地建物取引業者A社が、自ら売主として宅地建物取引業者でない買主Bとの間で締結した建物の売買契約について、Bが宅地建物取引業法第37条の2の規定に基づき、いわゆるクーリング・オフによる契約の解除をする場合において、Bは、A社の事務所において買受けの申込みをし、後日、レストランにおいてA社からクーリング・オフについて何も告げられずに売買契約を締結したとき、Bは、当該契約締結日から起算して10日目において、契約の解除をすることができる。

答え

解説

問162　答え　×

50条2項の届出は、免許権者と案内所を設置する場所の管轄知事に届け出ます。

A社は国土交通大臣免許なので、まずは大臣に届け出ることは確定です。そして、案内所を設置するのは乙県なので、**乙県知事に届出**をします。本問では甲県知事に届出をするという記述となっています。たしかに甲県にはマンションがありますが、50条2項の届出には関係ないので誤りです。

問163　答え　×

Bは、A社の事務所において買受けの申込みをしているので、そもそもクーリング・オフできない事案です。クーリング・オフについて何も告げられていなかったとしても、できないものはできません。

「どのように」ひっかけ

権利関係

民法

問164 成年後見人が、成年被後見人に代わって、成年被後見人が居住している建物を売却する際、後見監督人がいる場合には、後見監督人の許可があれば足り、家庭裁判所の許可は不要である。

答え

問165 Aが、Bとの間でAが所有する甲建物の売買契約を締結した場合、Bが代金を支払った後、Aが引渡しをしないうちに、Aのたばこの不始末が原因で甲建物が焼失したとき、Bがこの契約を解除するためには、Aに対し相当の期間を定めてその履行を催告しなければならない。

答え

問166 保証人となるべき者が、口頭で明確に特定の債務につき保証する旨の意思表示を債権者に対してすれば、その保証契約は有効に成立する。

答え

解説

問164　答え　×

後見監督人がいる場合であっても、家庭裁判所の許可が必要です。

後見監督人は、成年後見人のサポートをするだけなので、裁判所の許可を省略することはできません。

問165　答え　×

この場合、**催告することなく解除することができます**。

理由はシンプルで、**催告が無意味だから**です。

催告したら建物が復活するわけでもないため、催告する意味がないのです。

問166　答え　×

保証契約は、書面か電磁的記録でしなければなりません。

口頭でした場合、無効となります。

問 167 Aが甲土地をFとGとに対して二重に譲渡してFが所有権移転登記を備えた場合に、裁判においてAG間の売買契約の方がAF間の売買契約よりも先になされたことをGが立証できれば、Gは、登記がなくても、Fに対して自らが所有者であることを主張することができる。

答え

問 168 Aは、Bから 3000 万円の借金をし、その借入金債務を担保するために、A所有の甲地に抵当権を設定し、その登記を経た。その後甲地について、Cの第2順位抵当権が設定され、その登記がされた場合、BとCは合意をして、抵当権の順位を変更することができるが、この順位の変更は、その登記をしなければ無効となる。

答え

問 169 自筆証書遺言は、その内容をワープロ等で印字していても、日付と氏名を自署し、押印すれば、有効な遺言となる。

答え

問 170 遺留分侵害額の請求は、訴えを提起しなくても、内容証明郵便による意思表示だけでもすることができる。

答え

解説

問167　答え　×

不動産の**二重譲渡の場合、登記を先に備えたほうが勝ちます。**

仮に自分が先に売買契約を締結したことを立証できたとしても、登記がなければ結果として負けてしまうのです。

問168　答え　○

抵当権の順位変更は、その**登記をしなければ効力が生じません。**

合意しただけでは効力は発生しないのです。

問169　答え　×

自筆証書遺言は、遺言の全文・日付・氏名を手書きで書かないといけません。

ちなみに、遺言の付属文書となる目録は、ワープロでもいいとされています。ただ、遺言自体は自署しなければならないので、誤りです。

問170　答え　○

遺留分侵害額請求の方法は特に決められていません。必ずしも訴えを提起する必要はありません。

借地借家法

問 171　Aが居住用の甲建物を所有する目的で、存続期間を 50 年としてB所有の乙土地に借地権を設定する場合、AB間の賃貸借契約を公正証書で行ったときに限り、当該契約の更新がなく期間満了により終了し、終了時にはAが甲建物を収去すべき旨を有効に規定することができる。

答え

問 172　借地借家法第 23 条に規定するいわゆる事業用定期借地権の設定を目的とする契約は、公正証書によってしなければならない。

答え

問 173　Aが所有する甲建物をBに対して賃貸する場合、法令によって甲建物を2年後には取り壊すことが明らかであるとき、あらかじめ、取り壊し事由を口頭で説明したうえで契約を締結するのであれば、建物を取り壊すこととなる2年後には更新なく賃貸借契約が終了する旨の特約を有効に定めることができる。

答え

解説

問171　答え　×

普通定期借地権は、公正証書等**書面によってしなければなりません。**

「公正証書をはじめとした、書面で行ってね」ということです。書面であればいいため、公正証書に限定されているわけではありません。

問172　答え　○

事業用定期借地権の設定を目的とする契約は、公正証書でしなければなりません。

公正証書とは、公証人という人に作ってもらう公的な文書のことです。

問173　答え　×

取り壊し予定の建物を賃貸する場合、**書面で契約をする**必要があります。

説明するだけではダメということです。

法令上の制限

都市計画法

問 174 都市計画施設の区域または市街地開発事業の施行区域内において建築物の建築をしようとする者は、一定の場合を除き、当該行為に着手する30日前までに、都道府県知事（市の区域内にあっては、当該市の長）に届出をしなければならない。

答え

問 175 地区計画の区域のうち地区整備計画が定められている区域内において、建築物の建築等の行為を行おうとする者は、原則として市町村長の許可を受けなければならない。

答え

問 176 都市計画事業の認可の告示があった後においては、当該事業地内において、当該都市計画事業の施行の障害となるおそれがある建築物の建築等を行おうとする者は、非常災害のために必要な応急措置として行う行為であっても、都道府県知事の許可を受けなければならない。

答え

解説

問174　答え　×

都市計画施設の区域または市街地開発事業の施行区域内において建築物の建築をしようとする者は、**知事の許可を受ける必要**があります。

届出ではありません。

問175　答え　×

許可ではなく、当該行為に着手する日の30日前までに、行為の種類、場所等を都道府県知事に届け出なければなりません。

地区計画は、届出です。

問176　答え　○

問題文に**「告示」という文字があったら、許可が必要**と考えてしまってかまいません。

告示がなされると強い効力を持つため、たとえ非常災害の場合であっても、許可を受けなければなりません。

宅建業法

問 177 A県知事から免許を受けている宅地建物取引業者が、A県内における事務所を廃止し、B県内に新たに事務所を設置して、引き続き宅地建物取引業を営もうとする場合には、A県知事経由でB県知事に免許換えの申請をしなければならない。

答え

問 178 宅地建物取引業者（甲県知事免許）に勤務する宅地建物取引士（甲県知事登録）が、乙県に住所を変更するとともに宅地建物取引業者（乙県知事免許）に勤務先を変更した場合は、乙県知事に登録の移転の申請をしなければならない。

答え

問 179 宅地建物取引士は、テレビ会議等の IT を活用して重要事項の説明を行うときは、相手方の承諾があれば宅地建物取引士証の提示を省略することができる。

答え

問 180 宅地建物取引業者A社が、自ら売主として宅地建物取引業者でないBとの間で売買契約を締結した場合、37 条書面を交付する際に、Bより「時間がないので説明は不要です」との申出があったため、A社の宅地建物取引士Bは説明をせずにBの記名押印がある 37 条書面を交付したとき、A社は宅地建物取引業法に違反する。

答え

解説

問177　答え　×

免許換えとは、新しく免許を取り直すことです。これは**新規申請と同じ手続きを行う**ことになります。

本問の場合、B県知事免許をとることになるので、**B県知事に直接申請**します。経由申請ではありません。

問178　答え　×

登録の移転は任意です。「しなければならない」と書いてあったらバツとなります。

問179　答え　×

IT重説を行う場合でも、宅建士証の提示は省略できません。画面越しにしっかりと見せないといけないのです。

ちなみに**IT重説は、現状では貸借限定**となっていることにも注意してください。売買では従来どおり、直接会って説明しなければなりません。

問180　答え　×

37条書面（契約書）を交付する際、説明義務はありません。つまり黙って渡せばいいのです。

本問では説明をせずに37条書面を交付していますが、そもそもはじめから説明義務がないため、A社は宅地建物取引業法に違反しません。

「数字」ひっかけ

権利関係

民法

問181 民法上、賃貸借の存続期間は20年を超えることができず、契約でこれより長い期間を定めたときであっても、その期間は20年とする。

答え

問182 民法上、法定利率は、年5%とする。

答え

借地借家法

問183 借地権を設定する場合、借地権を消滅させるため、その設定後30年以上を経過した日に借地権の目的である土地の上の建物を借地権設定者に相当の対価で譲渡する旨を定めることができる。

答え

問184 定期建物賃貸借契約の場合、期間を1カ月とする定めを有効にすることができる。

答え

解説

問181　答え　×

20年ではなく、**50年**です。

これは2020年に改正された部分ですので、注意が必要です。

問182　答え　×

法定利率は、年3%です。こちらも2020年の改正点です。

問183　答え　○

本問は、建物譲渡特約付借地権の問題です。

これは「契約期間が満了したら、建物を買い取るから出て行ってくれ」という契約ですが、**30年以上の期間**を定めることで有効に設定することができます。

問184　答え　○

定期建物賃貸借は、簡単に言えばマンスリーマンションのことです。当然、1期間を1カ月とすることもできます。

定期建物賃貸借契約の場合、「○年以上でないといけない」というルールはありません。

問185 居住の用に供する建物（床面積220㎡）の定期建物賃貸借契約においては、転勤、療養その他のやむを得ない事情により、賃借人が建物を自己の生活の本拠として使用することが困難となったときは、賃借人は同契約の有効な解約の申入れをすることができる。

答え

区分所有法

問186 専有部分が数人の共有に属するときは、規約で別段の定めをすることにより、共有者は、議決権を行使すべき者を2人まで定めることができる。

答え

問187 集会の招集の通知は、会日より少なくとも2週間前に発しなければならないが、この期間は規約で伸縮することができる。

答え

問188 管理者は、集会において、毎年2回一定の時期に、その事務に関する報告をしなければならない。

答え

問189 区分所有者及び議決権の各過半数を有する者は、管理者に対し、会議の目的たる事項を示して、集会の招集を請求することができる。ただし、この定数は、規約で減ずることができる。

答え

解説

問185　答え　×

居住の用に供する建物の定期建物賃貸借契約の場合、**床面積が200㎡未満のとき、やむを得ない事情があれば、解約の申入れをすることができます**。本問のように、床面積が220㎡の場合には、解約申入れをすることはできません。

問186　答え　×

1人を定めなければなりません。その部屋の代表として票を投じる人が複数いたら、「誰が代表者?」ということになってしまうため、２人定めることはできません。

問187　答え　×

２週間前ではなく、**1週間前**に発しなければなりません。

問188　答え　×

毎年1回一定の時期に、その事務に関する報告をしなければなりません。

問189　答え　×

管理者に対して集会の招集を請求できるのは、**区分所有者の5分の1以上で議決権の5分の1以上を有する者**です。過半数ではありません。ちなみに、定数は規約で減ずることができるという点は正しいです。

問190 集会において、管理者の選任を行う場合、規約に別段の定めがない限り、区分所有者及び議決権の各過半数で決する。

答え

問191 規約の設定、変更又は廃止を行う場合は、区分所有者及び議決権の各過半数による集会の決議によってなされなければならない。

答え

問192 共用部分の変更（その形状または効用の著しい変更を伴わないものを除く）は、区分所有者及び議決権の各過半数による集会の決議で決する。

答え

問193 建替え決議は、区分所有者及び議決権の各4分の3以上の多数によって決する。

答え

解説

問190　答え　○

管理者の選任・解任は、**区分所有者及び議決権の各過半数**にて行います。

問191　答え　×

過半数ではなく、**区分所有者及び議決権の各4分の3以上の多数による集会の決議が必要**です。

問192　答え　×

過半数ではなく、**区分所有者及び議決権の各4分の3以上の多数による集会の決議が必要**です。「重大な変更を伴わないものを除く」とは、重大な変更ということです。

たとえば、「おいしくないものを除く」ときたら、おいしいものということになりますよね。これと同じ文法です。

問193　答え　×

建替え決議は、**区分所有者及び議決権の各5分の4以上の多数によって決します**。建て替えは、今建っている建物を取り壊して新しい建物を建てる行為です。建築費用や取り壊し費用、工事期間中に住む家など様々な要素を考慮しなければなりません。そこで、５分の４以上という高い要件が定められています。

法令上の制限

都市計画法

問194 地区計画の区域のうち地区整備計画が定められている区域内において、建築物の建築等の行為を行おうとする者は、一定の行為を除き、当該行為に着手する日の2週間前までに、行為の種類、場所等を市町村長に届け出なければならない。

答え

問195 区域区分の定められていない都市計画区域内の土地において、住宅の新築を目的として4,000㎡の土地の区画形質の変更を行おうとする者は、あらかじめ、都道府県知事の許可を受けなければならない。

答え

建築基準法

問196 高さが20 mを超える建築物には原則として非常用の昇降機を設けなければならない。

答え

解説

問194　答え　×

２週間前までではなく、**30日前**までです。

この論点は「誰が誰に」「いつ」「何を」ひっかけパターンが複数ありますので、横断的に整理をしていきましょう。

問195　答え　○

非線引きの都市計画区域内では、**3000㎡以上の開発行為を行う場合**、原則として許可を受けないといけません。本問の場合4000㎡なので、許可が必要となります。

開発許可の問題は、例年１問確定で出題されています。ひっかけパターンも数多く存在していますが、確実に攻略しなければならない論点と言えます。

詳しくは３章239ページをお読みください。

問196　答え　×

高さが31mを超える建築物には、原則として非常用の昇降機（エレベーター）を設けなければなりません。

ちなみに、この高さが通常の消防車のはしごが届く限界の高さというのが理由らしいです。

問 197 住宅の居室には、原則として、換気のための窓その他の開口部を設け、その換気に有効な部分の面積は、その居室の床面積に対して、25 分の 1 以上としなければならない。

答え

問 198 住宅の地上階における居住のための居室には、採光のための窓その他の開口部を設け、その採光に有効な部分の面積は、その居室の床面積に対して5分の1以上としなければならない。

答え

問 199 第一種低層住居専用地域、第二種低層住居専用地域または田園住居専用地域においては、建築物の高さは10 mまたは 12 mのうち、当該地域に関する都市計画において定められた建築物の高さの限度を超えてはならない。

答え

問 200 第二種低層住居専用地域に指定されている区城内の土地においては、都市計画において建築物の外壁又はこれに代わる柱の面から敷地境界線までの距離の限度を2mまたは 1.5 mとして定めることができる。

答え

解説

問197 答え ×

25分の１以上ではなく、**20分の1以上**です。

居室は住人が多くの時間を過ごす部屋であるため、換気ができるように設計されたものでなくてはなりません。

問198 答え ×

５分の１以上ではなく、**7分の1以上**です。「七光り」というゴロで覚えましょう。

問199 答え ○

低層住居専用地域等では、その名の通り高い建物を建てることはできません。**10mまたは12m**という数字をしっかりと覚えておきましょう。

問200 答え ×

２ｍまたは1.5ｍではなく、**1.5mまたは1m**です。

問201 都市計画区域外において、高さ8m、階数が2階、延べ面積 300㎡の木造建築物を新築する場合、建築確認が必要である。

答え

国土利用計画法

問202 市街化区域内の土地（面積 2500㎡）を購入する契約を締結した者は、その契約を締結した日から起算して3週間以内に事後届出を行わなければならない。

答え

問203 都道府県知事は、一定の場合、土地利用審査会の意見を聴いて、事後届出をした者に対し、その届出に係る土地の利用目的について、必要な変更をすべきことを勧告することができるが、この勧告は事後届出があった日から起算して3週間以内にしなければならない。

答え

解説

問201　答え　×

都市計画区域外で木造建築物を新築する場合、建築確認が必要となるのは**次のいずれかに該当したとき**です。

①階数3以上（地階含む）
②延べ面積500㎡超
③高さ13m超
④軒高9m超

本問の場合、上記のいずれにも該当しないため、建築確認は不要です。

問202　答え　×

３週間ではなく、**2週間以内**です。

問203　答え　○

こちらが３週間です。

届出をするのは契約締結後2週間以内、それを受け取った知事が勧告をするのは3週間以内、ということですね。

問 204 準都市計画区域内の土地（面積 6000㎡）を購入する契約を締結した者は、その契約を締結した日から起算して2週間以内に事後届出を行わなければならない。

答え

問 205 区域区分の定めのない都市計画区域内の土地（面積 3500㎡）を購入する契約を締結した者は、その契約を締結した日から起算して2週間以内に事後届出を行わなければならない。

答え

解説

問204　答え　×

準都市計画区域内で事後届出が必要となるのは、面積が**10000㎡以上の土地**です。本問のように6000㎡なら、事後届出は必要ありません。

問205　答え　×

非線引きの都市計画区域内で事後届出が必要となるのは、面積が**5000㎡以上の土地**です。

国土法の届出が必要となる面積のエリア

市街化区域	2,000㎡以上
市街化調整区域 非線引き都市計画区域	5,000㎡以上
上記以外の区域	10,000㎡以上

3章239ページに混同しやすい数字の解説をしていますので、そちらも合わせてお読みください。

宅地造成等規制法

問 206 宅地造成工事規制区域において行われる切土であって、当該切土をする土地の面積が 400㎡で、かつ、高さ 1.5 mの崖を生ずることとなるものに関する工事については、都道府県知事の許可は不要である。

答え

問 207 宅地造成工事規制区域において行われる盛土であって、高さ 1.5 mの崖を生ずることとなるものに関する工事については、都道府県知事の許可が必要である。

答え

問 208 宅地造成工事規制区域において切土と盛土を同時にする場合、盛土によって高さ 0.5 mの崖を生じ、かつ、切土及び盛土をした土地の部分に高さ 2.5 mの崖を生ずることとなるものに関する工事については、都道府県知事の許可は不要である。

答え

問 209 宅地造成工事規制区域において行われる切土であって、当該切土をする土地の面積が 600㎡で、かつ、高さ 1.5 の崖を生ずることとなるものに関する工事については、都道府県知事の許可は不要である。

答え

解説

宅地造成法上の許可が必要となるのは、次の４つです。

切土	2mを超える崖を生じることとなるもの
盛土	1mを超える崖を生じることとなるもの
切土＋盛土	合わせて2mを超える崖を生じることとなるもの
面積	切土または盛土をする面積が500㎡を超えるもの

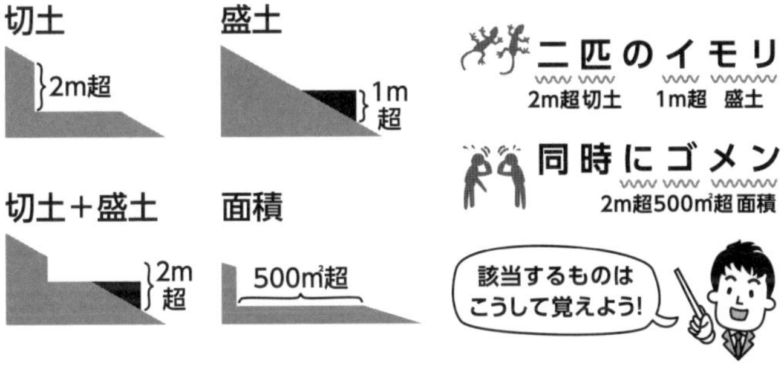

問206　答え　○

問207　答え　○

問208　答え　×

切土と盛土を同時にする場合、２mを超える崖ができてしまうときには、許可が必要です。

問209　答え　×

工事面積が500㎡を超える場合には、切土や盛土によって生じる崖の高さに関係なく、許可が必要です。

問210 宅地造成工事規制区域内の宅地において、高さが2mを超える擁壁を除却する工事を行おうとする者は、一定の場合を除き、その工事に着手する日の 21 日前までにその旨を都道府県知事に届け出なければならない。

答え

解説

問210　答え　×

21日前ではなく、**14日前まで**です。
宅地造成等規制法の届出制については、知識の混同を狙った出題が多数見られます。区別して整理できるようにしていきましょう。

届出が必要となるケース	期間
宅地造成工事規制区域の指定の際に、当該宅地造成工事規制区域内において宅地造成工事をしている場合 例：4月1日に宅地造成工事スタート、4月21日に工事現場一帯が宅地造成工事規制区域に指定された →4月21日から21日以内に届出をしなければならない	指定後 **21日以内** **（事後届出）**
高さが2mを超える擁壁や排水施設等を除却する工事をする場合 例：ブロック塀の工事をしたい →工事スタートの日から逆算して14日前までに届出をしなければならない	工事着手 **14日前まで** **（事前届出）**
宅地以外の土地を宅地に転用した場合 例：切土盛土をせずに、宅地以外の土地を宅地にした →宅地にしたその日から14日以内に届出をしなければならない。	転用後 **14日以内** **（事後届出）**

税金・価格評定

所得税（譲渡所得）

問211 特定の居住用財産の買換えの場合の長期譲渡所得の課税の特例に関し、譲渡資産とされる家屋については、その譲渡に係る対価の額が 5000 万円以下であることが、適用要件とされている。

答え

問212 特定の居住用財産の買換えの場合の長期譲渡所得の課税の特例に関し、買替資産とされる家屋については、その床面積のうち自己の居住の用に供する部分の床面積が、50㎡以上 240㎡以下であることが、適用要件とされている。

答え

登録免許税

問213 住宅用家屋の所有権の移転登記に係る登録免許税の税率の軽減措置の適用を受けるためには、その住宅用家屋の取得後6カ月以内に所有権の移転登記をしなければならない。

答え

問214 住宅用家屋の所有権の移転登記に係る登録免許税の税率の軽減措置の適用対象となる住宅用家屋は、床面積が 100㎡以上のものに限られる。

答え

解説

問211 答え ×

5000万円ではなく、**1億円以下**です。「1億円以下で売れた」場合に、買換え特例を受けられるということです。

仮に「家が1億2000万円で売れた!」というときには、買換え特例を受けることができません。大金を得た人にはちゃんと税金を払ってもらうシステムになっています。

問212 答え ×

要件は50㎡以上です。したがって、240㎡以下という記述が誤りです。

ちなみに、**不動産取得税においては50㎡以上240㎡以下という数字が出てきます**。知識を混同させないように整理していきましょう。

問213 答え ×

6カ月ではなく、**1年**です。

問214 答え ×

100㎡ではなく、**50㎡**です。

首都圏で100㎡以上の部屋なんて、お金持ちしか買えません。ですから、50㎡あれば軽減措置が受けられるようになっています。

不動産取得税

問215 家屋が新築された日から3年を経過して、なお、当該家屋について最初の使用または譲渡が行われない場合においては、当該家屋が新築された日から3年を経過した日において家屋の取得がなされたものとみなし、不動産取得税を課する。

答え

問216 令和2年4月に取得した床面積 250㎡である新築住宅に係る不動産取得税の課税標準の算定については、当該新築住宅の価格から、1200 万円が控除される。

答え

問217 宅地の取得に係る不動産取得税の課税標準は、当該取得が令和3年3月 31 日までに行われた場合、当該宅地の価格の6分の1の額とされる。

答え

問218 不動産取得税の課税標準となるべき額が、土地の取得にあっては 30 万円、家屋の取得のうち建築に係るものにあっては1戸につき 20 万円、その他のものにあっては1戸につき 12 万円に満たない場合においては、不動産取得税が課されない。

答え

解説

問215　答え　×

３年ではなく、**1年**です。

問216　答え　×

課税標準から1200万円の控除が受けられるのは、**50㎡以上240㎡以下の住宅**です。250㎡の場合、控除を受けることはできません。そもそも250㎡の家を買えるくらいのお金があるなら、しっかりと税金を払ってもらいたいですからね。

問217　答え　×

６分の１ではなく、**2分の1**です。ちなみに、固定資産税の問題では６分の１という数字が出てきますので、混同しないようにしましょう。

問218　答え　×

不動産取得税の免税点は次のとおりです。

種類	課税標準
土地取得	**10万円**
建築によって家屋を取得 （大工さんに家を建ててもらった）	**23万円**
その他の原因による家屋の取得（売買等）	**12万円**

ちなみに、土地30万円・家屋20万円は固定資産税です。

固定資産税

問219 住宅用地のうち小規模住宅用地に対して課する固定資産税の課税標準は、当該小規模住宅用地に係る固定資産税の課税標準となるべき価格の3分の1の額である。

答え

問220 市町村は、財政上その他特別の必要がある場合を除き、当該市町村の区域内において同一の者が所有する家屋に係る固定資産税の課税標準額が 20 万円未満の場合には課税できない。

答え

問221 固定資産税の標準税率は、1.6%であり、条例によってこれを超える税率を定めることも認められる。

答え

問222 新築された住宅に対して課される固定資産税については、新たに課されることとなった年度から4年度分に限り、6分の1相当額を固定資産税額から減額される。

答え

解説

問219　答え　×

3分の1ではなく、**6分の1**となります。

問220　答え　○

固定資産税の免税点は次のとおりです。

種類	課税標準
土地	**30万円**
家屋	**20万円**

問221　答え　×

1.4%が正しい記述です。

なお、これはあくまでも標準税率なので、条例によって1.4%を超える税率を定めることもできます。

問222　答え　×

3年度分に限り、2分の1相当額が減額されます。

宅建業法

問223　免許の更新を受けようとする宅地建物取引業者は、免許の有効期間満了の日の2週間前までに、免許申請書を提出しなければならない。

答え

問224　宅地建物取引業を営もうとする者が、国土交通大臣又は都道府県知事から免許を受けた場合、その有効期間は、国土交通大臣から免許を受けたときは5年、都道府県知事から免許を受けたときは3年である。

答え

問225　都道府県知事は、不正の手段によって宅地建物取引士資格試験を受けようとした者に対しては、その試験を受けることを禁止することができ、また、その禁止処分を受けた者に対し5年を上限とする期間を定めて受験を禁止することができる。

答え

問226　保証協会から還付充当金を納付すべきことの通知を受けた社員は、その通知を受けた日から1月以内に、その通知された額の還付充当金を当該保証協会に納付しなければならない。

答え

解説

問223　答え ×

更新申請は、有効期間満了の日の90日前から30日前までに提出しなければなりません。遅くても30日前には、申請書を提出しなければならないのです。なぜなら、役所の審査に1カ月ほどかかるからです。

問224　答え ×

免許の有効期間は**大臣免許、知事免許ともに5年**です。

大臣免許と知事免許は、事務所がどこにあるのかという違いしかありません。当然、有効期間も、どちらの免許を受けたとしても同じです。

問225　答え ×

5年ではなく、**3年**です。

不正受験をした者・しようとした者には、3年間試験を受験できないというペナルティが下ることがあるということです。**カンニング、ダメ、絶対！**

問226　答え ×

通知を受けた日から2週間以内に、保証協会に還付充当金を納付しなければなりません。

問227 保証協会は、その社員である宅地建物取引業者から弁済業務保証金分担金の納付を受けたときは、その納付を受けた日から2週間以内に、その納付を受けた額に相当する額の弁済業務保証金を供託しなければならない。

答え

問228 保証協会に加入している宅地建物取引業者（甲県知事免許）は、甲県の区域内に新たに支店を設置した場合、その設置した日から1月以内に当該保証協会に追加の弁済業務保証金分担金を納付しないときは、社員の地位を失う。

答え

問229 宅地建物取引業者A社は、その主たる事務所に従事する唯一の専任の宅地建物取引士が退職したときは、30日以内に、新たな専任の取引主任者を設置しなければならない。

答え

問230 宅地建物取引業者は、その事務所ごとに従業者名簿を備えなければならず、当該名簿を最終の記載をした日から5年間保存しなければならない。

答え

問231 宅地建物取引業者Aが、B所有の甲宅地の売却の媒介を依頼され、Bと専任媒介契約を締結した場合、AがBに対し業務の処理状況を3週間に1回報告するという特約は無効である。

答え

解説

問227　答え　×

保証協会は、納付を受けた日から**1週間以内に供託**しなければなりません。

問228　答え　×

1月以内ではなく、**2週間以内**が正しい記述です。

問229　答え　×

唯一の専任の宅建士が退職してしまっているため、**2週間以内に新たな専任の宅建士を設置**しなければなりません。

問230　答え　×

従業者名簿は、最終の記載をした日から**10年間の保存義務**があります。

問231　答え　○

専任媒介契約を締結した場合、**宅建業者は2週間に1回以上のペースで業務の処理状況を報告**しなければなりません。したがって、「３週間に１回」という特約は無効となります。

問232 宅地建物取引業者Aが、C所有の甲宅地の売却の媒介を依頼され、Cと専属専任媒介契約を締結した場合、Aは、甲宅地について法で規定されている事項を、契約締結の日から休業日を含めず7日以内に指定流通機構へ登録する義務がある。

答え

問233 住宅販売瑕疵担保責任保険契約は、新築住宅を自ら売主として販売する宅地建物取引業者が住宅瑕疵担保責任保険法人と締結する保険契約であり、当該住宅の売買契約を締結した日から5年間、当該住宅の瑕疵によって生じた損害について保険金が支払われる。

答え

解説

問232　答え　×

専属専任媒介契約の場合には、７日以内ではなく、**5日以内**です。

ちなみに、専任媒介契約の場合には、契約締結の日から休業日を含めず７日以内に指定流通機構（レインズ）へ登録する義務があります。

問233　答え　×

５年間ではなく、**10年間**です。「10年間有効の保険に入ってね」ということです。

3章

受験生のためのアドバイス

混同しやすい言葉や理解しにくい手続きの流れなど、ここでは受験生がひっかかりやすい内容について、アドバイスします。2章の問題でひっかかった人は、ぜひ読んでください。

1 受験生の混乱につけこむ「ひっかけ」あるある

宅建試験では、似たような制度との知識の混乱につけこんだひっかけパターンが数多く存在します。
「どっちがどっちだったっけ!?」というような問題をあえて作り、知識の正確性が低い受験生をふるいにかけてくるのです。

ここでは、そのような問題に負けないために、混乱しやすい項目を横断的に整理していきましょう。

1 土地と建物の混乱

→ **対策** **What「なに」に注目**

土地と建物は、法律上まったくの別モノです。問題文を読む際は、土地についての話なのか、建物についての話なのか、これを明確にしたうえで文章を読んでいきましょう。

2 宅建業者と宅建士の混乱

→ **対策** **Who「誰」に注目**

宅建業者と宅建士は、法律上別モノです。宅建業者には宅建業者のルール、宅建士には宅建士のルールがあります。

土地と建物を意識しなければならない代表例

分野	科目	ポイント
権利関係	民法&借地借家法	売買契約が行われているのは土地か建物か
		抵当権が設定されているのは土地か建物か
		抵当権実行による明渡猶予制度は建物のみ
		土地についての賃貸借なのか、建物についての賃貸借なのか
法令上の制限	都市計画法	土地についての開発許可の話なのか、建物を建てる時の建築許可の話なのか
宅建業法	重説	対象物件が土地なのか、建物なのか
	報酬	土地は非課税

宅建業者と宅建士の違いを意識しなければならない代表例

- 宅建業者名簿の変更の届出と、宅建士登録簿の変更の登録
- 免許の欠格事由と、宅建士の登録欠格事由
- 重説を行うのは宅建士でなくてはならない
- 媒介契約書の作成は宅建業者でもすることができる
- 宅建業者への処分なのか、宅建士への処分なのか

中には共通したものもありますが、一致しない点もありますので、正確に押さえていきたいところです。

3 事務所と案内所

→ 対策 Where「どこ」に注目

こちらも宅建業法において出題される事項です。

事務所とは、主に本店と支店をいいます。事務所と案内所は、宅建業法上別物となっています。「案内所は事務所ではない」というフレーズを覚えておきましょう。

事務所と案内所の違いを意識しなければならない代表例

- 案内所を設置したとしても、免許換えは不要
- 案内所を設置したとしても、営業保証金や弁済業務保証金分担金は不要
- 事務所は従業員5人に対し専任の宅建士が1人以上必要、案内所は従業者の数に関係なく1人いればよい
- 帳簿・従業者名簿・報酬額の掲示は案内所には不要

4 開発許可と国土法

同じような規定に見えてしまうため、数字の混同が起きやすい論点となっています。それぞれ表を載せておきますので、お手持ちのテキストと併せて意識して覚えておきましょう。

国土法の届出が必要となる面積のエリア

市街化区域	2,000㎡以上
市街化調整区域 非線引き都市計画区域	5,000㎡以上
上記以外の区域	10,000㎡以上

都市計画法の開発許可が必要となるケースのエリア

		共通例外	農系例外	面積例外
都市計画区域	市街化区域	不要	**必要**	1,000㎡未満不要
	市街化調整区域	不要	不要	**必要**
	非線引き	不要	不要	3,000㎡未満不要
準都市計画区域		不要	不要	3,000㎡未満不要
その他の区域		不要	不要	10,000㎡未満不要

市《いち》街化区域

↓

1《いち》000

非線引き

準都市

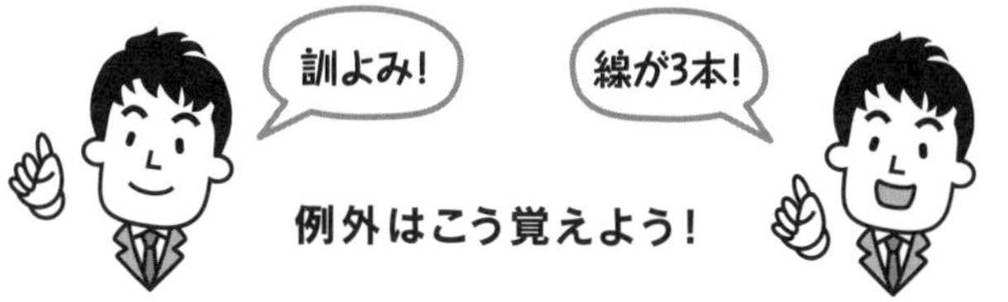

5 連帯債務と連帯保証

民法において出題されます。

同じ「連帯」という言葉が入っているため、明確に区別できないまま問題を解いてしまっている方も少なくありません。

連帯債務は、カーシェアをするために自動車屋ＡからＢＣが１台の車を買った、と想像してください。ＢＣは２人とも債務者であるため、２人ともが代金債務を負っています。

一方の連帯保証は、債権者ＡからＢが借金をするにあたって、Ｃに連帯保証人になってもらった、ということです。

ＣはＡからお金を受け取っておらず、Ａからお金を借りてそのお金を使うのはＢ１人です。

となれば、当たり前ですが、借金はＢが返すのがスジですよね。この点が連帯債務とは決定的に違うところです。

つまり、**連帯債務は全員が払わなければならない**。**連帯保証は、主たる債務者が払うのがスジ**ということです。

6 無効と取消し

民法において出題されます。

頻度としてそこまで多いわけではありませんが、明確に区別できていない受験生が多い項目です。

レストランの予約を思い浮かべてみましょう。

取消しは、契約のキャンセルのことです。予約自体は成立していたのですが、取消しによってなかったことになります。

一方の**無効は、そもそもはじめからレストランの予約が成立していません**。はじめから、席の確保はできていない状態と考えることができます。このように最初からなんの効力も発生しないことを無効といいます。

ちなみに、無効ははじめから成立していないため、取り消すことはできません。はじめから存在していないものですから、それを取り消すということは概念としてあり得ないのです。

7 解除

解除は簡単に表現すると、**キャンセルのこと**です。

民法においては「どのような原因に基づいて解除されたのか」ということに注意しなければなりません。**解除原因によって、ルールが異なってくる**からです。

解除原因の違いを意識しなければならないケース

- 手付による解除なのか債務不履行に基づく解除なのか
- 賃貸借契約において、債務不履行解除なのか合意解除なのか

私が講義で説明する例をひとつあげておきます。

「札幌に行く」と一言で言っても、いろいろなルートがあり

ます。飛行機で行く、新幹線で行く、船で行く。それぞれ重きを置くポイントが違いますよね。

これと同じように、「解除」と一言で言っても、いろいろなルートがあるのです。手付による解除なのか、債務不履行による解除なのか。ルートによって、論点となることはもちろん変わります。

解除という着地点だけを見てはいけません。特に**解除は原因によって論点が変わります**。

その点を意識して学習していくと、混乱が少なくなっていきますよ。

2 「試験に出る書類」の実物

手続上のルールについては、イメージしづらいこともあり、あまり理解が進まない方も多いでしょう。

ですから、ここで実物を見て勉強しましょう。

ここでは、行政書士としても活動している私が、実際に実務で使用する書類等をご紹介していきます。

1 免許申請書

別 記
様式第一号（第一条関係）

（A 4）
1 1 0

免 許 申 請 書

（第一面）

宅地建物取引業法第４条第１項の規定により、同法第３条第１項の免許を申請します。
この申請書及び添付書類の記載事項は、事実に相違ありません。

平成 30 年 10 月 20 日

殿
東京都 知事

申請者 商号又は名称 株式会社ドロシー ― 会社の名前
郵便番号 （ 123 － 4567 ）
主たる事務所の所在地 東京都千代田区△△ 1-2-3 ― 本店所在地
氏 名 平井 照彦 ― 代表者の氏名 印
（法人にあっては、代表者の氏名）
電 話 番 号 （ 222 ）3333 － 4444
ファクシミリ番号（ 222 ）3333 － 4444

受付番号 ※
受付年月日 ※

新規の場合
ここは空欄

申請時の免許証番号 （ ）
（有効期間： 年 月 日～ 年 月 日）

※免許証番号	~~国土交通大臣~~ 知事 （ ）第 号
※免許年月日	年 月 日
※有効期間	年 月 日から 年 月 日まで

免許の種類 1
1. 新規
2. 免許換え新規
3. 更新
→ 免許換え後の免許権者コード

項番 ◎ 商号又は名称

11

フリガナ	カフ゛シキカ゛イシャト゛ロシー
商号又は名称	株式会社ト゛ロシー

法人・個人の別 1
1. 法人
2. 個人

確認欄 ※

◎ 代表者又は個人に関する事項

12

役名コード	0 1	登録番号	6 6 － 6 6 6 6 6 6 －
フリガナ	ヒライ テルヒコ		
氏 名	平井 照彦		
生年月日	S － 6 3 年 1 0 月 2 1 日		

確認欄 ※

◎ 宅地建物取引業以外に行っている事業がある場合にはその種類

13 兼業コード サービス業

◎ 資本金（千円）

億 千万 百万 十万 万 千

◎ 所属している不動産業関係業界団体がある場合にはその名称

所属団体コード
（加入： 年 月 日）
（加入： 年 月 日）
（加入： 年 月 日）
（加入： 年 月 日）
（加入： 年 月 日）

確認欄 ※

兼業事業を記入

新規の場合、まだ保証会社に入っていないため空欄

（第二面）

1 2 0

受付番号 ※

申請時の免許証番号 （　　）

項番　◎　役員に関する事項（法人の場合）

項番			確認欄
21	役名コード	0 2　　登録番号 　－　－	※
	フリガナ	ト ゛ ロ シ ー 　ケ ゛ イ ル	
	氏　　名	ト ゛ ロ シ ー 　ケ ゛ イ ル	
	生年月日	H－0 3 年 0 1 月 2 4 日	

項番			確認欄
21	役名コード	0 2　　登録番号 6 6－2 6 9 2 6 9－	※
	フリガナ	フ ゛ リ キ 　オ ト コ	
	氏　　名	フ ゛ リ キ 　男	
	生年月日	S－3 5 年 0 2 月 1 0 日	

項番			確認欄
21	役名コード	0 3　　登録番号 　－　－	※
	フリガナ	キ タ ノ 　マ シ ゛ ョ	
	氏　　名	北 の 　魔 女	
	生年月日	T－1 4 年 0 2 月 2 3 日	

項番			確認欄
21	役名コード	登録番号 　－　－	※
	フリガナ		
	氏　　名		
	生年月日	－　年　月　日	

項番			確認欄
21	役名コード	登録番号 　－　－	※
	フリガナ		
	氏　　名		
	生年月日	－　年　月　日	

会社の役員の情報を記入。役名コードは「01」が代表取締役、「02」が取締役、「03」が監査役というように、決められた番号を入れる

（第三面）

1	3	0

受付番号 ※

申請時の免許証番号 （　）

項番

30			
	事務所の別	1	1. 主たる事務所　2. 従たる事務所　※事務所コード
	事務所の名称	本店	

今回は本店のみという設定なので1カ所のみ

◎ 事務所に関する事項

31		
	郵便番号	123－4567
	所在地市区町村コード	66617　東京 都道府県 千代田 市郡区　　区町村
	所在地	△△△1-2-3
	電話番号	222-3333-4444
	従事する者の数	4

確認欄 ※

人数を記入（専任の宅建士の数に関係するため）

◎ 政令第2条の2で定める使用人に関する事項

32		
	登録番号	－ －
	フリガナ	
	氏名	
	生年月日	－ 年 月 日

確認欄 ※

代表者が宅建士の場合、空欄でよい

◎ 専任の宅地建物取引士に関する事項

41		
	登録番号	66－666666－
	フリガナ	ヒライ　テルヒコ
	氏名	平井　照彦
	生年月日	S－63年10月21日

確認欄 ※

41		
	登録番号	66－269269－
	フリガナ	ブリキ　オトコ
	氏名	ブリキ　男
	生年月日	S－35年2月10日

確認欄 ※

41		
	登録番号	－ －
	フリガナ	
	氏名	
	生年月日	－ 年 月 日

確認欄 ※

専任の宅建士を記入

2 変更届出書

宅建業者名簿の登載事項に変更があった場合、変更の届出をしなければなりません。その際に使うのが、この変更届出書です。

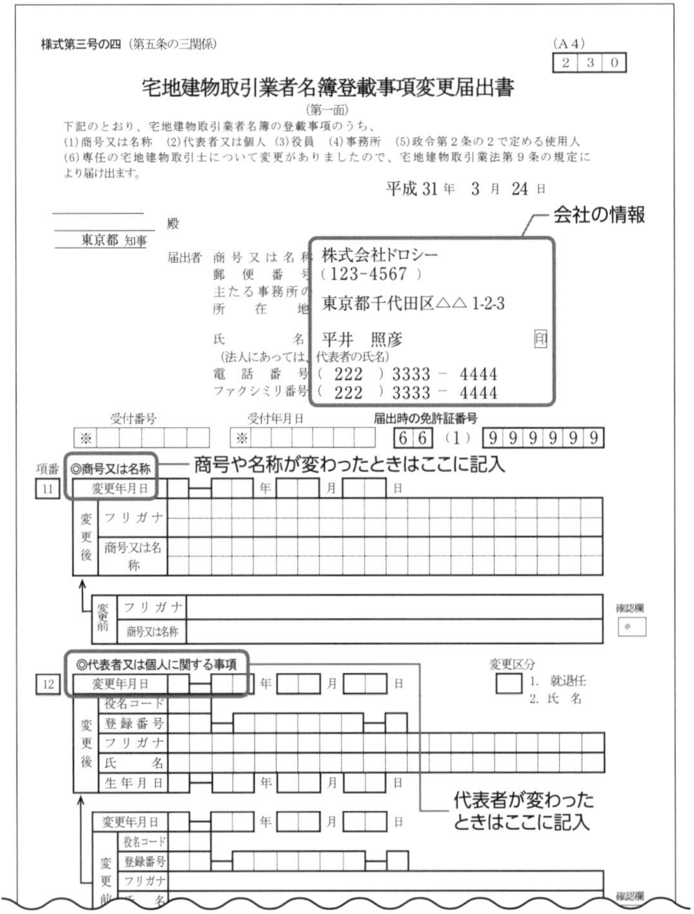

様式第三号の四（第五条の三関係）

（A4）

2 3 0

宅地建物取引業者名簿登載事項変更届出書

（第一面）

下記のとおり、宅地建物取引業者名簿の登載事項のうち、
(1)商号又は名称 (2)代表者又は個人 (3)役員 (4)事務所 (5)政令第２条の２で定める使用人
(6)専任の宅地建物取引士について変更がありましたので、宅地建物取引業法第９条の規定により届け出ます。

平成 31 年 3 月 24 日

殿

東京都 知事

会社の情報

届出者 商号又は名称 株式会社ドロシー

郵便番号（123-4567）

主たる事務所の所在地 東京都千代田区△△ 1-2-3

氏名 平井 照彦 印

（法人にあっては、代表者の氏名）

電話番号（ 222 ）3333 － 4444

ファクシミリ番号（ 222 ）3333 － 4444

受付番号 ※

受付年月日 ※

届出時の免許証番号 66（1）999999

項番

◎商号又は名称

商号や名称が変わったときはここに記入

11 変更年月日 年 月 日

変更後 フリガナ

商号又は名称

変更前 フリガナ

商号又は名称

確認欄 ※

◎代表者又は個人に関する事項

変更区分 1. 就退任 2. 氏名

12 変更年月日 年 月 日

変更後 役名コード

登録番号

フリガナ

氏名

生年月日 年 月 日

代表者が変わったときはここに記入

変更年月日 年 月 日

変更前 役名コード

登録番号

フリガナ

氏名

確認欄

変更届出書

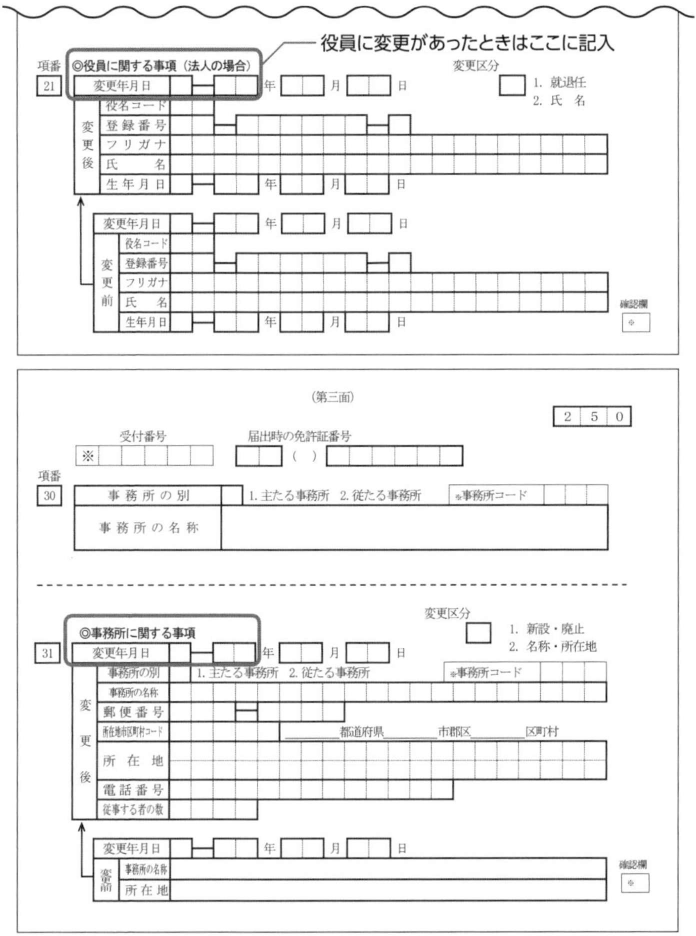
役員に変更があったときはここに記入
項番
21
◎役員に関する事項（法人の場合）
変更年月日 年 月 日
変更区分
1. 就退任
2. 氏　名
変更後
役名コード
登録番号
フリガナ
氏　名
生年月日 年 月 日
変更年月日 年 月 日
変更前
役名コード
登録番号
フリガナ
氏　名
生年月日 年 月 日
確認欄
※

（第三面）
2 5 0
受付番号
※
届出時の免許証番号
（ ）
項番
30
事務所の別 1. 主たる事務所 2. 従たる事務所
※事務所コード
事務所の名称

項番
31
◎事務所に関する事項
変更区分
1. 新設・廃止
2. 名称・所在地
変更年月日 年 月 日
変更後
事務所の別 1. 主たる事務所 2. 従たる事務所
※事務所コード
事務所の名称
郵便番号
所在地市区町村コード 都道府県 市郡区 区町村
所在地
電話番号
従事する者の数
変更年月日 年 月 日
変更前
事務所の名称
所在地
確認欄
※

「事務所の名称及び所在地」も、宅建業者名簿の登載事項です。したがって、たとえば支店を増やした場合には、変更の届出をしなければなりません。

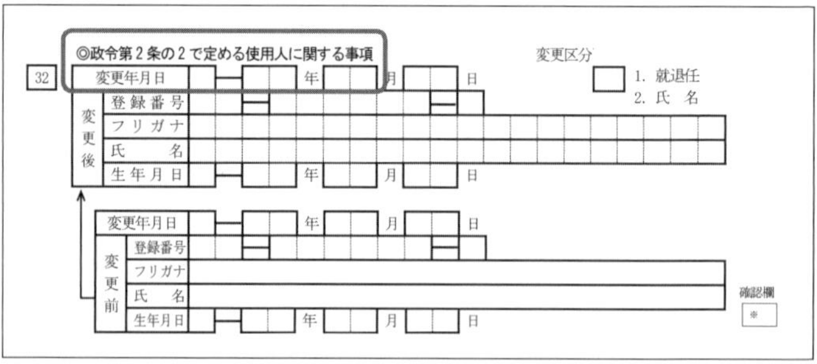

◎政令第２条の２で定める使用人に関する事項

32 変更年月日　年　月　日

変更区分　1. 就退任　2. 氏　名

変更後　登録番号　フリガナ　氏名　生年月日　年　月　日

変更前　変更年月日　年　月　日　登録番号　フリガナ　氏名　生年月日　年　月　日

確認欄 ※

政令で定める使用人とは、その事務所で一番偉い人、要するに支店長のことです。支店長の名前も宅建業者名簿の登載事項のため、変更があれば届出が必要です。

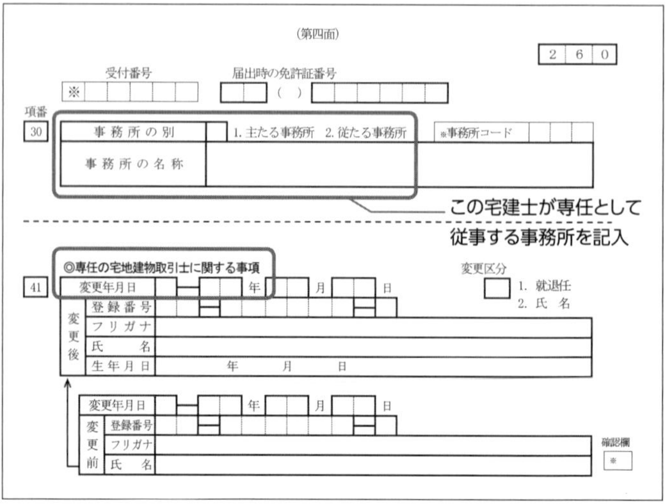

（第四面）

2 6 0

受付番号 ※

届出時の免許証番号（　）

項番

30 事務所の別　1. 主たる事務所　2. 従たる事務所　※事務所コード

事務所の名称

◎専任の宅地建物取引士に関する事項

41 変更年月日　年　月　日

変更区分　1. 就退任　2. 氏　名

変更後　登録番号　フリガナ　氏名　生年月日　年　月　日

変更前　変更年月日　年　月　日　登録番号　フリガナ　氏名

確認欄 ※

専任の宅建士が退職したり、新しく雇った場合には、変更の届出が必要です。

3 変更登録申請書

様式第七号（第14条の7関係）

(A 4)

3	3	0

宅地建物取引士資格登録簿
変　更　登　録　申　請　書

宅地建物取引業法第20条の規定により、下記の事項について変更の登録を申請します。

平成 31 年 3 月 24 日

東　京　都　知　事　殿

申請者　氏　名　平井　照彦　㊞

生年月日　S63 年 10 月 21 日

受付番号	受付年月日	申請時の登録番号
*	*	66—666666—

項番　◎申請者に関する事項

氏名の変更の場合、ここに記入

項番		項目	
11		変更年月日	H　年　月　日
	変更後	フリガナ	
		氏名	
	変更前	フリガナ	
		氏名	

確認欄 *

住所の変更のときはここに記入

項番		項目	
12		変更年月日	H　年　月　日
	変更後	郵便番号	
		住所市区町村コード	都道府県　市郡区　区町村
		住所	
		電話番号	
	変更前	住所	

確認欄 *

本籍の変更のときはここに記入

項番		項目	
13		変更年月日	H　年　月　日
	変更後	本籍市区町村コード	都道府県　市郡区　区町村
		本籍	
	変更前	本籍	

確認欄 *

◎業務に従事する宅地建物取引業者に関する事項

項番		項目	
14		変更年月日	H　年　月　日
	変更後	商号又は名称	
		免許証番号	（　）
		変更年月日	H　年　月　日
	変更前	商号又は名称	
		免許証番号	国土交通大臣 知事（　）第　号

確認欄 *

勤務先の情報。転職した場合、この変更が必要

4 登記

登記簿謄本は表題部と権利部に分かれていて、さらに権利部は甲区と乙区に別れています。

対抗関係で問題となる「先に登記を備えたほうが勝つ」というのは、甲区に先に名前を入れる、ということです。

乙区には抵当権など、所有権以外の権利に関する事項が登記されます。意外に細かい情報が載るんですよ。

表題部（土地の表示）		調製	余白	不動産番号	0000000000000
地図番号	余白	筆界特定	余白		
所在	特別区南都町一丁目		余白		
①地番	②地目	③地積㎡		原因及びその日付〔登記の日付〕	
101番	宅地	300	00	不詳 〔平成20年10月14日〕	
所有者	特別区南都町一丁目1番1号　甲野太郎				

権利部（甲区）（所有権に関する事項）			
順位番号	登記の目的	受付年月日・受付番号	権利者その他の事項
1	所有権保存	平成20年10月15日 第637号	所有者　特別区南都町一丁目1番1号 甲野太郎
2	所有権移転	平成20年10月27日 第718号	原因　平成20年10月26日売買 所有者　特別区南都町一丁目5番5号 法務五郎

権利部（乙区）（所有権以外の権利に関する事項）			
順位番号	登記の目的	受付年月日・受付番号	権利者その他の事項
1	抵当権設定	平成20年11月12日 第807号	原因　平成20年11月4日金銭消費貸借同日設定 債権額　金4，000万円 利息　年2・60％（年365日日割計算） 損害金　年14・5％（年365日日割計算） 債務者　特別区南都町一丁目5番5号 法務五郎 抵当権者　特別区北都町三丁目3番3号 株式会社南北銀行 （取扱店　南都支店） 共同担保　目録(あ)第2340号

見本

共同担保目録			
記号及び番号	(あ)第2340号	調製	平成20年11月12日

5 宅建士証

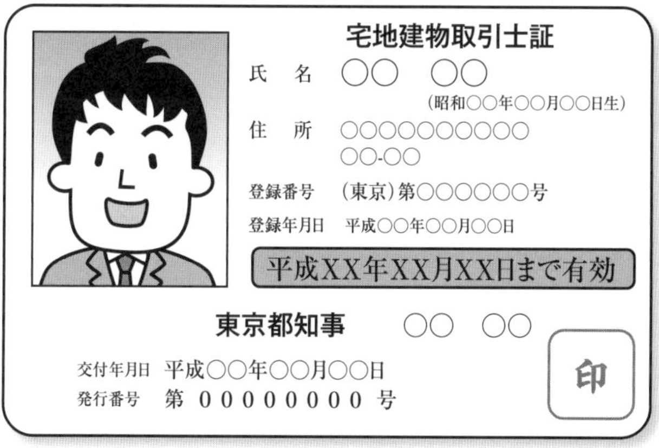

宅地建物取引士証は顔写真付きで氏名住所が載っていることに加え、知事が直々に発行することから、身分証としても一定の効力をもつといわれるものです。

私が講義中に「クルマの運転免許証のようなものですよ」と説明してしまうので、皆さん、しっかりしたカードをイメージしてしまうのですが……。実際は病院の診察券のような、ラミネート加工されたただの紙だったりします（笑）。

宅建士証を手にされた方の多くは、「え、こんなものなの?」という印象をもたれるようです。

とはいえ、これはあくまで東京都の話なので、他の都道府県は違うかもしれませんが、意外に質素なものなのです。

6 媒介契約書

売買・交換の媒介契約を締結した場合、遅滞なく依頼者に交付しなければなりません。お手持ちのテキストを参照しながら見ると、より効果的ですよ。

一般媒介契約書

この媒介契約は、国土交通省が定めた標準媒介契約約款に基づく契約です。

依頼の内容　□ 売却　□ 購入　□ 交換

この契約は、次の3つの契約型式のうち、一般媒介契約型式です。

●専属専任媒介契約型式
依頼者は、目的物件の売買又は交換の媒介又は代理を、当社以外の宅地建物取引業者に重ねて依頼することができません。依頼者は、自ら発見した相手方と売買又は交換の契約を締結することができません。
当社は、目的物件を国土交通大臣が指定した指定流通機構に登録します。

●専任媒介契約型式
依頼者は、目的物件の売買又は交換の媒介又は代理を、当社以外の宅地建物取引業者に重ねて依頼することができません。依頼者は、自ら発見した相手方と売買又は交換の契約を締結することができます。
当社は、目的物件を国土交通大臣が指定した指定流通機構に登録します。

●一般媒介契約型式
依頼者は、目的物件の売買又は交換の媒介又は代理を、当社以外の宅地建物取引業者に重ねて依頼することができます。依頼者は、自ら発見した相手方と売買又は交換の契約を締結することができます。

依頼者甲は、この契約書及び一般媒介契約約款により、別表に表示する不動産(目的物件)に関する売買(交換)の媒介を宅地建物取引業者乙に依頼し、乙はこれを承諾します。

平成　年　月　日

甲：依頼者	住所	
	氏名	印
乙：宅地建物取引業者	商号(名称)	商号
	代表者氏名	代表者氏名　印
	主たる事務所の所在地	
	免許証番号	免許情報　(　)第　号

1 依頼する乙以外の宅地建物取引業者

商号又は名称	
主たる事務所の所在地	

2 甲の通知義務

① 甲は、この媒介契約の有効期間内に1に表示する宅地建物取引業者以外の宅地建物取引業者に重ねて目的物件の売買又は交換の媒介又は代理を依頼しようとする時は、乙に対して、その旨を通知する義務を負います。

② 甲は、この媒介契約の有効期間内に、自ら発見した相手方と売買若しくは交換の契約を締結した時、又は乙以外の宅地建物取引業者の媒介若しくは代理によって売買若しくは交換の契約を締結させた時は、乙に対して、遅滞なくその旨を通知する義務を負います。

③ ①及び②の通知を怠った場合には、乙は、一般媒介契約約款の定めにより、甲に対して、費用の償還を請求することができます。

3 媒介に係る乙の業務

乙は、契約の相手方との契約条件の調整等を行い、契約の成立に向けて努力するとともに、次の業務を行います。

(1) 乙は、甲に対し、目的物件を売買すべき価額又は評価額について意見を述べる時は、その根拠を明らかにして説明を行います

(2) 甲が乙に目的物件の購入又は取得を依頼した場合にあっては、乙は、甲に対し、目的物件の売買又は交換の契約が成立するまでの間に、取引士をして、宅地建物取引業法第35条に定める重要事項について、取引士が記名押印した書面を交付して説明させます

(3) 乙は、目的物件の売買又は交換の契約が成立した時は、甲及び甲の相手方に対し、遅滞なく、宅

3 わかっているようでわかっていない要注意用語集

1 免許の欠格事由と免許の取消事由

宅建業法において、**欠格事由**と**取消事由**の違いを理解できていない方も多いのではないでしょうか。

この２つの概念は免許の欠格事由のところで、やや細かい論点として出題される傾向にあります。

どちらもマイナスイメージであるため、「なんとなく悪い」と片付けてしまいがちですが、宅建試験は法律系の国家試験ですから、違いを正確に押さえましょう。

この２つは一言で表現するならば、**場面が違います**。

想像してみてください。

ある人が、これから好きな人に告白をしようとしています。そのときに、告白する相手が**「私、こんな人とは付き合わないから。告白されても断る」とあらかじめ条件を決めていた**としましょう。

これが**欠格事由**です。例えば、「浮気したことがある人」「金遣いが荒い人」「暴力ふるう人」などでしょうか。

これらに該当している場合、**告白してもオッケーはもらえません。却下されてしまいます。**

欠格事由

条件が当てはまっていたら、告白してもふられてしまう

取消事由

付き合っていてもある条件によりふられてしまう（欠格事由と重なっているときはヨリも戻せない）

一方、取消事由とは、**今現在付き合っている状態**です。ただ、**相手から「こんなことしたら別れるからね」と言われています。これが取消事由**です。

もちろん、「浮気したら別れる」というように、**欠格事由と共通した事柄も存在**します。その場合にはつまり、「フラれてしまうし、ヨリを戻すこともできない」ということを意味します。

ただ、なかには「フラれてしまうものの、状況を変えればすぐにヨリを戻せるもの」も存在するのです。つまり、**取消事由ではあるが、欠格事由には該当しないというケースが存在する**のです。

このように考えると、この２つは明確に場面が違うということをおわかりいただけると思います。

この違いを頭に入れて、今一度、お手持ちのテキストや問題集で確認してみてください。

2 債務

債務とは、「○○しなければならない」という契約上の義務のことです。

シンプルに**「義務」と読み替えてしまってかまいません**。

債務と聞くと、お金を払うという場面をイメージする方が多いと思います。それも間違いではないのですが、**債務はお金を払う場面には限られません**。

例えば、売主は売った商品を引き渡さなければなりません。これも、債務なのです。

3 弁済

義務を果たすことを、弁済といいます。

試験対策としては「お金を払う」と考えてしまってかまいません。ただ、お金を払うという場面に限定されるわけではないので、その点だけ気をつけて下さい。

例えば、私は普段資格予備校で講義をしているのですが、これは弁済と考えることができます。

というのも、私は予備校が決めた時間に教室で講義をする、という義務を負っています。その義務を果たしているわけですから、弁済なのです。

4 損害賠償

損害賠償と聞くと、「訴えてやる!」といった感じで、相手からお金をぶんどるというイメージが浮かびますよね。

ただ、あくまで**学問上の損害賠償は、「自分が受けた損害を相手に賠償させる」ということ**です。

もっとシンプルに表現するなら、**「マイナスをゼロに戻すために相手に弁償させる」**のが損害賠償ということです。「ムカつくからとにかくお金を請求したい」という話ではないです。

5 抵当権の効力が及ぶ

この言葉がなにを意味するのかを説明できる方は少ないのではないでしょうか。

これはズバリ**「競売にかけていい」ということ**です。

例えば、「抵当権設定時に存在した従物には、抵当権の効力が及ぶ」というフレーズがあります。つまり、**「抵当権設定時に存在した従物は、競売にかけていい」**ということなのです。

従物の例としては、建物の中に存在するドアがわかりやすいでしょう。

建物に抵当権が設定された時に、建物の中に存在したドアは、建物と一緒に競売にかけていいのです。

考えてみればわかると思いますが、仮に、ドアを競売にかけてはいけないと言われたら、出品前にドアをすべて取り除かなければならなくなります。これでは誰も得をしません。

その建物の所有者からしてみれば、もう建物は出品されてしまうわけですから、ドアだけ残ってもどうしようもないですよね。

さらに、落札者からしても、ドアはつけてくれていたほうがありがたいもの。ですから、この場合には一緒に競売にかけていいということになっているのです。

6 開発行為

開発行為とは、主として建築物の建築又は特定工作物の建設の用に供する目的で行う土地の区画形質の変更です。

「建築物などを建てるために行う土木工事」が開発行為です。

特定工作物は第一種特定工作物と第二種特定工作物がありますが、問題を解くうえではあまり意識する必要はありません。

面積に関係なく特定工作物に該当するのが、コンクリートプラント、アスファルトプラント、ゴルフコースです。開発の規模に関係なく、これらのために行う土地の工事は開発行為となります。

注意が必要となるのが、野球場・庭球場・遊園地・墓園です。これらは、規模が1ha以上、つまり10,000㎡以上であれば、特定工作物に該当します。

面積によって特定工作物にあたるかどうかが変わりますので、たとえば、12,000㎡の野球場は特定工作物に該当し、そのために行う土地の工事は、開発行為となります。

開発許可を取得すべき場合

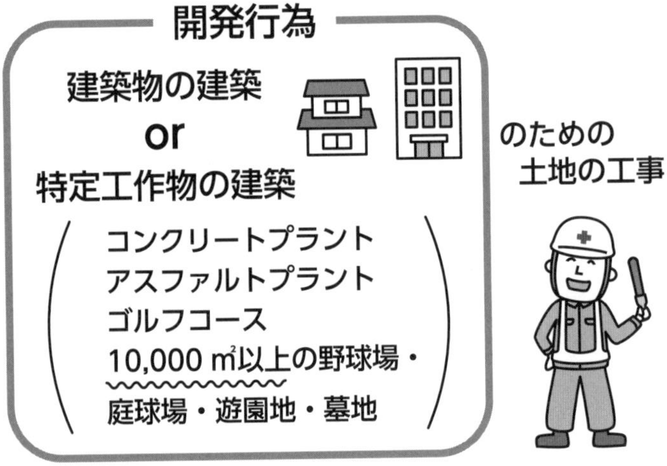

7 債権譲渡、賃借権の譲渡、所有権の譲渡

民法において出てくる用語です。実はこの３つ、すべて同じ意味なのです。

譲渡とは、人が変わることをいいます。

例文を使って考えていきましょう。

> 例 **A所有の建物を、Bに譲渡した**

所有者が、ＡからＢに変わっています。

> 例 **Aが、Cに対する債権をBに譲渡した**

債権者が、ＡからＢに変わっています。

> 例 **賃借人Aが、賃貸人Cの承諾を得て、**
> **賃借権をBに譲渡した**

賃借人が、ＡからＢに変わっています。

いかがでしょうか。すべて共通して、人が変わっていますよね。

このように考えると、債権譲渡や賃借権の譲渡も読みやすくなると思います。

ひっかけパターンランキング

宅建試験は、毎年多くのひっかけ問題が出題されます。では、いったいどのひっかけパターンが多いのか。過去10年分の過去問を分析し、ランキング形式にまとめました。

1位	買主が宅建業者である者	宅建業法
2位	許可・確認前の広告・契約	宅建業法
3位	自ら貸借は宅建業ではない	宅建業法
4位	事務所と案内所ひっかけ	宅建業法
5位	クーリング・オフできない場所で申込み	宅建業法
6位	貸借の報酬上限は借賃1カ月分	宅建業法
7位	都市計画法　エリア内外ひっかけ	都市計画法
8位	建築基準法数字ひっかけ	建築基準法
9位	執行猶予がついた場合の欠格事由	宅建業法
10位	制限行為能力者でも代理人となることができる＝取り消すことはできない	民法
	造作買取請求権　特約で排除可能	借地借家法
	管理者は毎年1回集会を招集する	区分所有法

トップ３についてだけご説明します。

４位以下の論点については、本書の問題やお手持ちのテキストで確認しておきましょう。

1位 買主が宅建業者である者

宅建業法の問題において、買主が宅建業者である場合に、適用されない規定が多く存在します。

買主が宅建業者であるときに適用されない規定

- 宅建業者が自ら売主となる場合の8つの規制
- 営業保証金・弁済業務保証金の還付権者
- 重要事項の説明
- 供託所等に関する説明
- 住宅瑕疵担保履行法における資力確保措置

毎年ほぼ必ず買主が宅建業者パターンのひっかけ問題が出題されます。キーワードの読み落としだけはしないようにしましょう。

2位 許可・確認前の広告・契約

宅建業者は、宅地や建物の工事完了前においては、その工事に必要な許可や確認を受けた後でなければ、広告をすることはできません。また、売買・交換の契約をすることもできません。

3位 自ら貸借は宅建業ではない

「貸す」という行為は宅建業ではありません。したがって、免許を受ける必要はないのです。

企画・構成　PiCKTION（ピクション合同会社）
装　丁　(有)大久保敏幸デザイン事務所
本文デザイン・DTP　桜井勝志
図版作成　桜井勝志
編　集　飯田健之
編集協力　大西華子
松山　久
市川知佳

宅建「ひっかけ問題」完全攻略
2020民法改正対応・問題集

2020年6月20日　第1版第1刷

著　者　平井照彦
発行者　後藤高志
発行所　株式会社廣済堂出版
〒101-0052　東京都千代田区神田小川町2-3-13
M&Cビル7F
電話03-6703-0964（編集）　03-6703-0962（販売）
Fax 03-6703-0963（販売）
振替00180-0-164137
https://www.kosaido-pub.co.jp
印刷所
製本所　株式会社廣済堂

ISBN 978-4-331-52298-1　C3030